DORF

SEE

FISCHER SAUERLÄNDER

© www.tomasrodriguez.de

Mara Andeck hat Journalistik und Biologie studiert. Heute schreibt sie mit viel Freude Kinderbücher und rettet heimatlose Tiere – von der einsamen Schildkröte bis zum süßen Siebenschläfer. Mit ihrem Mann und zwei Hunden lebt sie in der Nähe von Stuttgart.

© Elena Busshoff

Dorothee Mahnkopf wurde 1967 in Berlin geboren, studierte an der Hochschule für Gestaltung in Offenbach und lebt inzwischen mit ihrer Familie in Rheinland-Pfalz. Sie arbeitet seit vielen Jahren als freiberufliche Illustratorin und zeichnet Bilder für Kinder- und Schulbücher, Tageszeitungen und Zeitschriften.

Weitere Informationen zum Kinder- und Jugendbuchprogramm von Fischer Sauerländer auf *www.fischer-sauerlaender.de*

Mara Andeck

Man ist nie zu klein,
um großartig zu sein

Band 2

Mit farbigen Illustrationen
von Dorothee Mahnkopf

FISCHER SAUERLÄNDER

Weitere Bücher von Mara Andeck bei Fischer Sauerländer:
Die *Tschakka!*-Reihe:
Band 1: *Huhn voraus*
Band 2: *Freunde in Sicht*
Band 3: *Jetzt wird's stachelig!*

Die *Ziemlich beste Mäuse*-Reihe:
Band 1: *Es heißt Freundschaft, weil man mit Freunden alles schafft*
Band 2: *Man ist nie zu klein, um großartig zu sein*

Erschienen bei Fischer Sauerländer

Umschlaggestaltung: Dahlhaus&Blommel Media Design
unter Verwendung einer Illustration von Dorothee Mahnkopf
Umschlagabbildung: Dorothee Mahnkopf
Satz: Pinkuin Satz und Datentechnik, Berlin
Druck und Bindung: Livonia Print, Riga
Printed in Latvia
ISBN 978-3-7373-4346-6

Für

alle Murkelmäuse

und Heldenhörnchen

Inhaltsverzeichnis

Was Henry bisher erlebt hat …

»Henry, erzähl uns deine Geschichte!«, bettelte Murkel, das kleinste Mäusekind auf Burg Funkelstein. »Erzähl, wie du damals die Burg gerettet hast.«

Es war ein warmer Spätsommerabend. Die Sonne war gerade untergegangen, und die Mausbewohner der Burg Funkelstein hatten schon alles getan, was Mäuse jeden Tag tun. Futter sammeln. Nester bauen. Besuche machen. Solche Sachen.

Nun saßen sie plaudernd und lachend unter der alten Linde im Burghof. Am Himmel leuchteten der Mond und die Sterne. Im Gras und im Gebüsch blinkten die Glühwürmchen. Schwalben schwirrten auf der Suche nach Mücken durch die Luft.

Weil es schon ein bisschen kühl war, kuschelten sich die Mäusekinder an ihre Eltern. Und mit einer Geschichte wäre alles noch gemütlicher, fand Murkel. Deswegen quäkte er jetzt: »Bööööttäää, Henry!«

»Au ja!«, rief nun auch Moxy, Murkels Schwester. »Fang damit an, wie deine Brüder dich immer ausgelacht haben, weil du so klein warst. Und wie du ihnen dann beweisen wolltest, dass du der Größte bist!«

»Aber das habe ich euch doch schon so oft erzählt«, widersprach Henry. »Das wird euch schrecklich langweilen.«

»Neiiin!«, krähte Murkel. »Ich will die Geschichte noch mal hören. Die ist so cool!« Er rappelte sich auf, stellte sich auf die Hinterbeine, die vor lauter Müdigkeit schon etwas wackelig waren, und klatschte in die Pfötchen. »Abstimmung!«, rief er in die Runde. »Wer will Henrys Geschichte hören? Pfoten hoch!«

»Wiiir!« Ganz viele Pfötchen sausten in die Luft, denn alle Mäusekinder hoben beide Arme. Auch die erwachsenen Mäuse nickten.

»Deine Abenteuer sind kein bisschen langweilig«, sagte Adelina, die bezaubernde Haselmaus. »Du erzählst sie so schön, dass ich sie immer wieder gern höre.«

Sofort verfärbten sich Henrys Öhrchen vor Stolz rosarot. Denn was Adelina sagte und dachte, war ihm sehr wichtig.

»Ja«, stimmte Liesel, das Mauswiesel zu. »Du bist echt ein guter Erzähler, Henry. Los, fang an.«

Und sogar die alte Leseratte nickte Henry aufmunternd zu. »Tu den Kindern doch den Gefallen«, meinte sie. »Sie lernen dabei ja auch viel.«

»Also gut«, seufzte Henry. »Wenn ihr es unbedingt wollt.«

Er machte ein Gesicht, als wäre er ein winziges bisschen genervt. Aber das tat er nur, um nicht angeberisch zu wirken. In Wahrheit fühlte er sich sehr geschmeichelt und freute sich aufs Erzählen. Unauffällig glättete er seine Strubbelhaare. Dann räusperte er sich, damit seine Stimme gut klang. Und zuletzt kletterte er auf einen Stein, damit alle ihn sehen und hören konnten. Sofort wurde es im Burghof mucksmäuschenstill. Sogar die Schwalben hörten auf, Mücken zu fangen, und setzten sich auf die Burgzinnen, um nichts zu verpassen.

»Mein Abenteuer begann in einer gewittrigen Frühlingsnacht«, fing Henry an. Dann machte er eine Pause, um die Spannung zu erhöhen. »Ich lebte damals in Chicago und hatte gerade meine ersten Segelflüge hinter mir«, fuhr er fort und breitete die Arme aus, damit alle seine Flughäute sehen konnten. Henry war nämlich ein amerikanisches Gleithörnchen. Er konnte zwar nicht wirklich fliegen, aber wenn er auf einen Baum oder eine Mauer kletterte, konnte er sehr elegant von oben nach unten segeln.

»Ich war damals jung und wild!«, berichtete Henry weiter. »Und ich war dumm.« Er ließ seinen Blick über die Mäuseschar wandern. Alle Ohren waren nach vorn gerichtet, damit ihnen auch ja kein einziges von Henrys Worten entging.

»Sehr dumm!«, wiederholte Henry. »Ein gedankenloses Gleithörnchen ohne Grips, ja, das war ich. Aber ich dachte, ich wäre etwas ganz Besonderes, und ich wollte, dass das jeder erfuhr. Ich wollte unbedingt weltberühmt werden, koste es, was es wolle. Und so entstand in meinem Kopf ein finsterer Plan.«

Die Mäusekinder erschauderten, weil Henrys Geschichte so spannend war. Aber es war die Sorte Spannung, bei der man sich mit einem kleinen Gruselgefühl auf alles freut, was gleich kommt. Was Henry wusste. Deswegen fuhr er mit unheilvoll tiefer Stimme fort. »Ich war ein hinterhältiges Halunkenhörnchen, das mit seiner Schlauheit angeben wollte. Und nun wollte ich der berühmteste Millionendieb aller Zeiten werden.«

Huch! Plötzlich wurde Henry grob unterbrochen. »Blablabla!«, rief jemand, der halb verborgen im Schatten der Burgmauer stand. »Komm endlich zum Punkt. Wir haben nicht die ganze Nacht Zeit.«

Alle drehten den Kopf. Auch Henry, obwohl er die Stimme sofort erkannt hatte. Das war Spencer, der streitlustige Spitzmäuserich. Er lehnte an der Mauer, hielt eine Pfote vor sein spitzes Mäulchen und gähnte übertrieben laut. »Uaaah!«

Als er damit fertig war, legte er wieder los. »Wir wissen doch alle, was damals passiert ist.« Spencer kräuselte verächtlich die Nase. »Du wolltest das Money Museum in Chicago ausrauben und eine Million Dollar klauen! Aber dafür warst du zu doof. Die Wärter haben dich erwischt und mit ihren großen Besen aus dem Museum gejagt. Das wurde von Überwachungskameras gefilmt und in ganz Amerika

im Fernsehen gezeigt. Und weil dir das so peinlich war, bist du danach abgehauen.«

»Das ist richtig«, sagte Henry betont würdevoll. »Aber den Rest der Geschichte möchte ich gern selbst erzählen.«

»Es ist gar nicht richtig!«, krähte Murkel dazwischen. Für ihn war Henry nämlich der größte Held aller Zeiten. Und deswegen hatte Murkel sich jedes Wort von Henrys Abenteuer gemerkt. »Henry war gar nicht zu doof. Er hatte nur Pech mit dem Wetter. Es donnerte und blitzte, als er in dem Museum war. Weil Gleithörnchen im Blitzlicht rosa leuchten, konnten die Museumswärter ihn sehen.«

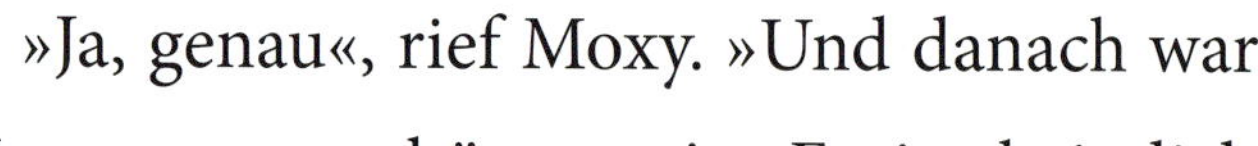

»Ja, genau«, rief Moxy. »Und danach war Henry ganz schön mutig. Er ist heimlich auf einem Schiff übers riesige Meer gefahren und bis zu uns gelaufen. Das muss man erst mal schaffen.«

»Wenn ich dann vielleicht weiter …«, begann Henry, doch Spencer unterbrach ihn.

»Mutig nennt ihr das?« Der Spitzmäuserich lächelte spöttisch. »Ich nenne es feige und gierig. Denn Henry war damals auf der Jagd nach dem wertvollen Funkelstein, der irgendwo auf unserer Burg versteckt sein sollte. Und den wollte er klauen, um doch noch ein berühmter Millionendieb zu werden. Er hat sich als Supermaus namens Mausmän ausgegeben, damit er uns besser betrügen kann.«

»Ja, aber er hat uns nicht betrogen«, piepste Murkel. »Erst hat er mich gerettet. Dann hat er uns alle vor den fiesen Frettchen beschützt. Und zum Schluss hat er das geheime Versteck des Funkelsteins gefunden. Und statt ihn zu klauen, hat er ihn dem Grafen gegeben. Der hat den wertvollen Diamanten dann verkauft, und von dem Geld konnte er das Dach und die Fenster der Burg reparieren lassen. Seitdem haben wir es hier immer trocken und warm. Auch

im Winter. Und Henry ist jetzt unser bester Freund!«

»Ja, ja, ja«, sagte Spencer mit supergelangweilter Stimme. »Das wissen wir. Wir haben es schließlich tausend Mal gehört. Dabei gibt es doch noch so viele andere spannende Geschichten auf dieser Welt.«

Murkel horchte auf. »Welche denn?«, wollte er wissen.

Spencer runzelte nachdenklich die Stirn. »Kennt ihr die Geschichte von Sherlock Maus?«, fragte er. »Das ist ein berühmter Detektiv, der schlimme Verbrechen aufdeckt. Er hat einen Freund namens Doktor Rattson, der ihm dabei hilft.«

Alle Mäuse schüttelten den Kopf.

»Nicht?«, fragte Spencer ungläubig. »Na, aber bestimmt kennt ihr die Geschichte von der Besteigung des Maus Everest! Das ist der höchste Berg der

Mäusewelt. Er besteht ganz und gar aus steinhartem Käse.«

Wieder schüttelten die Mäuse den Kopf. »Ich wusste nicht einmal, dass es diesen Berg gibt«, sagte Moxy leise.

»Tja.« Spencer trat jetzt aus dem Schatten der Mauer und kletterte neben Henry auf den Stein. »Wahrscheinlich kennt ihr dann auch die Geschichte von dem berühmten Piraten Blackmouse nicht. Oder?«

Die Mäuse senkten betroffen die Schnauzen.

»Nein«, piepste Murkel.

Spencer zuckte mit den Schultern. »Schade! Das war ein Seeräuber, wie es ihn nie zuvor und nie danach gegeben hat!«

»Woher kennst du diese Geschichten denn?«, wollte Pixel wissen, ein weißes Mäusekind mit schwarzen Punkten.

»Nun. Ich bin, wie ihr wisst, wagemutig, wissbegierig und welterfahren. Ich habe aller Mäuse Länder bereist.« Jetzt zeigte Spencer auf sein Gesicht. »Diese Mausaugen haben schon viel gesehen. Und diese winzigen Ohren haben vieles gehört. Wenn ihr wollt, kann ich euch gern davon erzählen!« Er rieb sich mit einem kleinen, feinen und ein bisschen gemeinen Lächeln die Pfoten. »Oder vielleicht kann Henry das ja auch tun.«

Die Mäusekinder blickten Henry mit großen Augen an. »Kannst du?«, wollte Murkel wissen.

Henry hob hilflos die Schultern. »Nein, diese Geschichten kenne ich nicht.«

Da schob Spencer Henry so schwungvoll beiseite, dass der vom Stein springen musste, um nicht herunterzufallen. »Na gut«, sagte der Spitzmäuserich, der nun ganz allein vor den Mäusen stand. »Dann mache ich das eben. Mit welcher Geschichte soll ich anfangen?«

»Mit der von dem Berg«, rief Moxy.

»Mit der von Sherlock Maus!«, quengelte Murkel.

»Nein, mit der von dem Seeräuber«, verlangte Pixel.

Henry sagte gar nichts mehr. Sein Kopf war plötzlich ganz leer.

Liesel unterdrückte ein Gähnen. Sie war müde, es war bereits ziemlich spät. »Egal, was du erzählst, Spencer«, knurrte sie. »Fang endlich an und fass dich kurz.«

In diesem Moment ertönte die Abendglocke der Burgkapelle.

»Schlafenszeit!«, verkündete die Leseratte.

»Mimimimimiiiiii!«, machten die Kirchenmäuse, um die Stimmen für ihr Abendlied aufzuwärmen.

»Wartet! Erst meine Geschichte!«, protestierte Spencer.

Doch nun trat Miss Miffy vor. Die grauhaarige Küchenmaus stemmte die Hände in die Hüften und sagte: »Erzähl sie morgen, Spencer. Die Kinder haben schon ganz kleine Mausaugen. Die müssen ins Nest.«

Die kleinen Mäuse hätten gern widersprochen, genau wie Spencer, aber dafür war es nun zu spät.

Schon schmetterten die Kirchenmäuse los. »Schlaf Mäuslein, schlaaaf!«, erklang es sehr laut, aber leider nur ein bisschen schön durch den Burghof.

Auf einmal freuten sich alle Mausbewohner auf ihr Nest.

Kapitel 1

Henrys neuer Hörnchenplan

Als Henry in dieser Nacht in seinem Nest im Kanonenrohr lag, fand er keinen Schlaf. Seit Spencer ihn einfach vom Stein geschubst hatte, fühlte er sich mickrig und klein.

Jetzt fielen ihm plötzlich ganz viele Sätze ein, die er in diesem Moment hätte sagen können. *Du plapperst ja bloß fremde Geschichten nach,* hätte er dem Spitzmäuserich entgegenschleudern können. *Und bestimmt sind die auch noch ausgedacht. Meine Geschichte ist aber wahr!*

Henry hätte Spencer auch mit strenger Stimme tadeln können. *Es ist unhöflich, jemanden zu unterbrechen, der gerade etwas erzählt*, hätte er sagen können. *Hat dir das niemand beigebracht, du schlecht erzogenes Spitznasengesicht?*

Wobei es genau genommen auch unhöflich war, jemanden Spitznasengesicht zu nennen, das war Henry schon klar. Aber Spencer hatte schließlich mit den Unhöflichkeiten angefangen.

So dachte Henry eine Weile hin und her. Aber dann merkte er, dass das überhaupt nichts an der Sache änderte. Es war zu spät, um noch etwas zu sagen. Er musste ganz dringend irgendetwas *tun*. Spätestens morgen war Spencer der neue Star auf Burg Funkelstein. Und dieser Gedanke nagte an Henrys Hörnchenherz.

»Ich brauche eine neue Geschichte«, murmelte er vor sich hin. »Eine spannende. Eine richtig echte! Eine, in der ich der Held bin!«

Hey, das war ja DIE Lösung! Er würde einfach ein neues Abenteuer erleben. Ein hochspannendes, heldenhaftes, Hörnchenabenteuer von der Sorte, wie es sich eine spießige Spitzmaus nicht einmal ausmalen konnte! Und dann würde Spencer sehen, wer hier mutig war. Und wer doof! Und morgen würde er damit anfangen. Jawohl!

Mit diesem Gedanken schlief Henry endlich zufrieden ein. Aber er schlummerte nur kurz. Als ein paar Stunden später der Morgen dämmerte, huschte ein kleiner, dunkler Schatten über den Burghof. Die hörnchengroße Gestalt blieb am Burgtor stehen, atmete tief ein und flüsterte fast unhörbar: »Los! Das Abenteuer beginnt!«

Das war natürlich Henry. Man konnte ihn kaum erkennen, denn er war in einen weiten, dunklen Umhang gehüllt. Er bückte sich, kroch unter dem Tor durch und verschwand.

Die Sonne wanderte weiter und schien bald warm und hell vom Himmel. Die Blumen im Burghof öffneten ihre Blüten, man hörte Bienengebrumm und Hummelgesumm. Überall roch es nach Erde und Gras.

Das Wetter war so schön, dass Miss Miffy beschloss, draußen zu frühstücken. Die mollige Küchenmaus breitete ihre Picknickdecke unter Henrys Kanonenrohr aus und packte frisch gebackene Nusstörtchen aus. Die mochte Henry besonders gern.

Miss Miffy blickte nach oben und fragte sich, wo Henry blieb. Normalerweise weckte ihn der Duft von Haselnüssen, Honig und Zimt selbst aus dem tiefsten Schlaf. Heute anscheinend nicht.

»Hallo?«, rief Miss Miffy. »Henry? Bist du da? Hast du Hunger? Hier gibt es dein Lieblingsessen!«

Keine Antwort. Nicht mal ein Gähnen.

»Henry?« Miss Miffy klatschte energisch in die Pfoten. »Wach auf! Ich hab was für dich!«

Wieder nichts. Nicht mal ein Schnarchen.

Missmutig betrachtete Miss Miffy die Kanone. Sie war steil, und Miss Miffy war eine nicht mehr ganz junge Mäusedame. Sollte sie da jetzt wirklich hochklettern? Vielleicht war Henry ja gar nicht drin. Gut möglich, dass er gerade einen Morgenspaziergang machte und gleich um die Ecke biegen würde. Miss Miffy entschied, noch ein bisschen zu warten.

Andererseits – vielleicht war Henry auch krank. Dann brauchte er Tee und Trost. Seufzend erhob sie sich nun doch und kletterte mühsam an der Kanone empor. Sie umrundete den alten Strohhut, der Henrys Wohnung vor Regen und Sonne schützte. Dann beugte sie sich vor und spähte ins Rohr. »Henry?«, rief sie leise, um ihn nicht zu erschrecken. »Bist du da?« Und weil wieder niemand antwortete, fügte sie noch hinzu: »Achtung, ich komme jetzt rein.«

Was sie dann auch tat. Ihre Augen mussten sich erst an das Dämmerlicht im Kanonenrohr gewöhnen, aber dann sah Miss Miffy, dass Henrys Nest leer war. Und zwar ganz leer. Auch der weite, dunkle Umhang, mit dem Henry sich nachts immer zudeckte, war weg. Seltsam. Zum Spazierengehen brauchte Henry heute ganz bestimmt keinen Mantel. Und plötzlich kam Miss Miffy ein schrecklicher Verdacht.

Sie huschte zum Ausgang des Kanonenrohrs, beugte sich vor und rief, so laut sie konnte: »Haaallooo! Alle Mäuse mal herhören!«

Hinten an der Burgkapelle reckten die Kirchenmäuse gerade ihre Nasen in die Luft, um ihr Morgenlied anzustimmen. Miss Miffy winkte ihnen aufgeregt zu. »Notfallalarm! Wir treffen uns alle in fünf Minuten in der Bibliothek! Bitte weitersagen!«

Die Kirchenmäuse rannten sofort los, jede in eine andere Richtung. Zwei Minuten später wussten alle Mausbewohner der Burg von dem Treffen. Und eine weitere Minute später waren alle in die Bibliothek geflitzt. Sogar die Fledermäuse, die sonst tagsüber schliefen, baumelten müde blinzelnd an der Garderobe, um nichts zu verpassen.

Als die Leseratte sah, dass alle da waren, kletterte sie auf einen Bücherstapel und hob die Pfoten. »Guten Morgen, liebe Mausbewoh-

ner der Burg«, begann sie ihre Rede. »Wir haben uns hier versammelt, weil Miss Miffy eine Entdeckung gemacht hat. Darum spitzt jetzt die Ohren und hört, was sie uns zu sagen hat.«

Die Mäuse klatschten, und nun war Miss Miffy an der Reihe. Sie erklomm den Bücherstapel und kam sofort zum wichtigsten Punkt. »Henry ist weg«, berichtete sie. »Fort! Für immer! Er hat alles mitgenommen, was ihm wichtig ist, nämlich den Mantel, mit dem er einst hier angekommen ist.«

»Aber«, piepste Murkel. »Aber, aber, aber …« Vor lauter Schreck hatte er vergessen, was er sagen wollte. Zum Glück fiel es ihm wieder ein. »Aber … warum?«

Miss Miffy zuckte ratlos mit den Schultern. »Vielleicht hat ihm mein Essen nicht geschmeckt«, vermutete sie.

»Nein!«, riefen die Kirchenmäuse im Chor.

»Das kann gar nicht sein. Dein Essen schmeckt immer. Bestimmt macht er eine Pilgerreise. Dabei tragen viele einen Umhang. Man sieht dann pilgernder aus.«

»Was ist pilgern?«, wollte Murkel wissen.

»Man wandert ganz lang zu einem heiligen Ort, denkt unterwegs die ganze Zeit über sich nach und wird dadurch eine bessere Maus«, erklärte die größte Kirchenmaus, die das schon oft gemacht hatte. »Oder ein besseres Hörnchen.«

»Das geht doch gar nicht«, sagte Murkel voller Überzeugung. »Henry ist schon das beste Hörnchen der Welt.«

Jetzt mischte Moxy sich ein. »Vielleicht ist Henry ja fortgegangen, weil Spencer ihn gestern geärgert hat«, sagte sie. »Und weil wir ihn nicht verteidigt haben.«

Kurz wurde es mucksmäuschenstill in der Bibliothek.

»O weh!«, flüsterte Liesel. »Sie hat recht. Das hätten wir tun sollen. Ich war gestern so unendlich müde, ich habe gar nicht daran gedacht.« Am liebsten hätte sie sich sofort bei Henry entschuldigt. Er war schließlich ihr bester Freund.

»Pfff«, machte Spencer, der bis eben cool an einem Bücherregal gelehnt hatte. Jetzt stieß er sich davon ab und trat vor die Mäuse. »Ich hab Henry gar nicht geärgert. Ich habe ihm nur die Wahrheit gesagt. Nee, ihr Mäuse, der ist einfach abgehauen. Er ist eben ein hibbeliges, heimatloses Hörnchen, das nie lange irgendwo bleibt.«

Murkel wischte sich eine Träne aus dem Augenwinkel. »Ist er nicht«, piepste er.

»Ist er doch!«, behauptete Spencer.

»Nein!«, sagte Adelina mit fester Stimme. »Murkel hat recht. Das alles ist Henry NICHT! Er ist unser Freund. Und er kommt ganz bestimmt wieder. Sonst hätte er sich von uns verabschiedet. Er würde niemals wortlos verschwinden.«

»Hoffentlich kommt er bald«, krächzte eine Fledermaus. »Wir wollten heute ein Wettfliegen mit ihm machen.«

Spencer kräuselte verächtlich die spitze Nase. »Henry kann gar nicht fliegen. Nur gleiten und landen. Mehr hat er nicht drauf!«

»Dann eben ein Wett*gleiten*«, sagte die Fledermaus und

verdrehte die Augen. Sie mochte Spencer nicht. Und sie fand es total unwichtig, ob jemand flog, glitt, schwebte, flatterte oder wehte. Hauptsache er sauste durch die Luft.

»Und wir wollten mit ihm singen«, piepste eine kleine Kirchenmaus enttäuscht. »Er kennt amerikanische Kirchenlieder. Die wollte er uns beibringen.«

»Pfff«, machte Spencer. »Wozu? Wir sind hier doch nicht in Amerika.«

»Er wollte mir ein Rezept geben«, seufzte Miss Miffy. »Er kennt eins für Nussecken. Sie sollen unglaublich lecker sein.«

»Hmmm.« Spencer runzelte die Stirn. »Wenn das mal stimmt. Er redet ja viel, wenn der Tag lang ist.«

»Natürlich stimmt das!«, fuhr Murkel hoch.

Die Leseratte hob beschwichtigend die Pfoten. »Ruhe jetzt! Lasst uns zusammenfassen, was wir wissen: Henry ist weg. Aber wir sind sicher, dass er bald wiederkommt. Also warten wir ab und denken an ihn, wo immer er ist.«

Alle Mäuse nickten. Bis auf Murkel. Der schüttelte fast unmerklich den Kopf. Und als seine Eltern nicht aufpassten, stibitzte er einen Keks, wickelte ihn in ein Stück Stoff und band das Bündel an einen Stock. Er zog seinen Supermausumhang an, schulterte das Bündel und wanderte los.

Er wollte Henry suchen. Und finden. Und mit ihm pilgern.

Leider ertappte ihn die kluge, alte Leseratte, als er gerade zum Burgtor schlich. »Murkel, Murkel, Murkel«, sagte sie. »Das ist keine gute Idee.«

»Doch!«, fiepte Murkel.

»Nein«, sagte die Leseratte mit so sicherer Stimme, dass Murkel unsicher wurde.

»Warum?«, wollte er wie so oft wissen.

»Hätte Henry gewollt, dass du mitkommst, hätte er dich bestimmt darum gebeten«, sagte die Leseratte.

»Aha!«, sagte Murkel.

»Und?«, hakte die Leseratte nach. »Hat er?«

Murkel senkte den Blick und schüttelte den Kopf.

»Also will er auch nicht, dass du mitkommst, nicht wahr?«

Murkel nickte, ohne aufzublicken.

»Er will, dass auch du wartest, bis er zurückkommt«, betonte die Leseratte noch einmal.

»Und wenn ihm was passiert?«, piepste Murkel. »Dann kann er ja gar nicht zurückkommen.«

Die Leseratte streichelte dem Mäusekind sanft über den Kopf. »Henry ist manchmal ein bisschen hitzköpfig und denkt nicht lange nach. Aber er ist ein sehr guter Kletterer mit einem noch besseren Herz. Er kann außerdem alles fressen, was er unterwegs findet. Blätter, Gras, Rinde, Früchte, Nüsse. Ihm passiert nichts. Und – weißt du noch, was er mal gesagt hat?«

Jetzt blickte Murkel auf. Seine Augen schimmerten ein bisschen feucht. »Nein. Was?«

»Manchmal muss ein Hörnchen einfach tun, was ein Hörnchen tun muss«, wiederholte die Leseratte Henrys Worte. »Altes Heldenhörnchengesetz.«

Kapitel 2

Das Abenteuer beginnt

Wo war Henry? Das fragten sich nicht nur die Mausbewohner der Burg Funkelstein. Das hätte Henry selbst ebenfalls gern gewusst. Er stand nämlich irgendwo auf der Welt mitten im Wald. Aber wo genau? Keine Ahnung.

Anders als Murkel hatte Henry allerdings überhaupt keine Angst, dass ihm etwas passieren könnte. Er befürchtete eher, dass nichts geschah.

Als er am Morgen unter dem Burgtor durchgekrochen war, hatte er sich erst einmal aufgerichtet und den Staub von seinem Umhang geklopft. Dann war er losmarschiert. In den Wald, weil man da erfahrungsgemäß viel erleben kann. Und dort stets geradeaus.

Henry hatte seinen Mantel aus zwei Gründen mitgenommen. Erstens, falls ein Gewitter aufkam. Im Blitzlicht leuchtete er ja rosa, und bei Abenteuern war das nie hilfreich, wie er wusste. Und zweitens hatte der Umhang praktische große Taschen. Da passte alles Wichtige rein: Ein Stück Schnur, falls er etwas festbinden wollte. Ein Kompass, damit er den Heimweg zur Burg von jedem Ort der Welt finden würde. Und natürlich ein Glücksbringer. Man sollte ja nie ohne einen Glücksbringer auf Abenteuersuche gehen. Der von Henry war ein schwarzer, glänzender Stein, den Adelina ihm geschenkt hatte. Er schimmerte so schön wie die Augen der kleinen Haselmaus.

Henry hatte also alles dabei, was er für ein Heldenabenteuer brauchte. Aber er hatte leider keine Ahnung, wo es eines gab. Und bis jetzt, nach über einer Stunde Fußmarsch, hatte er immer noch nicht das kleinste Abenteuerfitzelchen entdeckt. So langsam taten ihm die Füße weh.

Nachdenklich zog er den Kompass aus der Tasche und starrte darauf. Er zeigte die Himmelsrichtungen an: Norden, Süden, Osten, Westen. Aber natürlich keine Abenteuer.

»Hmmm«, murmelte Henry vor sich hin. »Im Norden ist es oft kalt. Das finde ich eklig. Im Osten steht gerade die Sonne, die blendet mich, wenn ich in diese Richtung gehe, da übersehe ich dann vielleicht ein Abenteuer. Im Westen liegt Amerika, da war ich schon. Also auf nach Süden!«

Gesagt, getan! Henry wandte seine Nase nach Süden und ging eine weitere Stunde in diese Richtung. Leider erlebte er in dieser Zeit wieder nichts.

Die Füße taten ihm inzwischen richtig weh, daher setzte er sich ins Moos und frühstückte erst einmal ein paar Walderdbeeren und etwas Klee. Dann sah er sich um. Er war immer noch im Wald. Und der sah hier nicht viel anders aus als der an der Burg Funkelstein. Die Bäume waren ein bisschen größer, und der Boden roch etwas sumpfiger. Aber das war auch schon alles, was ihm auffiel. Besonders abenteuerlich fand er das nicht.

»Na, dann muss ich wohl auf einen Baum klettern«, murmelte er vor sich hin. »Vielleicht erlebe ich dabei ja was. Und wenn nicht, kann ich von oben wenigstens in die Ferne gucken. Da seh ich bestimmt was Spannendes. Die Welt ist schließlich voller Abenteuer. Irgendwo muss doch eins sein.«

Henry suchte sich also den größten und dicksten Baum aus. Dann spuckte er in die Pfoten und kletterte daran hinauf.

Unterwegs traf er leider nur einen glänzenden, grünen Krabbelkäfer, der das fremde Gleithörnchen völlig verschreckt anstarrte.

»Hallo!«, sagte Henry freundlich. »Du weißt nicht zufällig, wo hier …« Er stockte mitten im Satz, denn der Käfer war nicht mehr da. Er war hektisch zu einem Astloch gehastet und darin verschwunden. Vermutlich war ihm gerade das größte Abenteuer seines Käferlebens widerfahren, und er würde noch seinen Enkelkindern davon erzählen. Henry hingegen konnte die kleinen Mäuse mit diesem Treffen garantiert nicht beeindrucken. Enttäuscht kletterte er weiter.

Im Baumwipfel angekommen, schirmte er die Augen mit der Pfote ab und blickte in alle vier Himmelsrichtungen. Dabei spitzte er die Ohren und hielt schnuppernd die Nase in den Wind.

Doch außer ein paar Schwalben am Himmel und noch mehr Bäumen gab es nichts zu sehen, zu hören oder zu riechen.

»Verflixter Hörnchenmist«, schimpfte Henry vor sich hin. »So ein blöder Nusseldusselwald.«

Aber auf einmal sah er doch etwas. Da hinten, noch weiter im Süden, glitzerte es. Konnte das sein? Oder wünschte er sich so sehr ein Abenteuer, dass er sich schon eins einbildete?

Er kniff die Augen zu Schlitzen zusammen, um mehr erkennen zu können. Und tatsächlich, zwischen ein paar auffallend dunkelgrünen Bäumen, glitzerte und funkelte es im Sonnenlicht.

Sein Herz schlug wie ein Trommelwirbel. Was war das wohl? Ein Drache mit glitzernden Schuppen. Ein Schatz? Oder ein silbernes Schwert? Er musste es herausfinden, und zwar sofort.

Mit einem großen Satz sprang Henry von dem hohen Baum. Zum Glück fiel ihm gerade noch rechtzeitig ein, dass er Pfoten und Füße ausbreiten musste, um seine Flughäute zu spannen. Daher bremste ein warmer Sommerwind seinen Sturz und ließ ihn in eleganten Bögen durch die Luft segeln, bis er sanft neben der Wurzel landete.

Kaum hatte Henry wieder Boden unter den Füßen, rannte er weiter in Richtung Glitzergefunkel.

Er stürmte über Stöckchen und Steinchen, hoppelte um hohe Halme, schlurfte durch sumpfigen Schlick, und als ihm ein Felsbrocken die Sicht und den Weg versperrte, sprang er mit einem riesigen Satz einfach darüber hinweg.

Platsch! Huch. Oje! Henry war direkt in einen glitzernden Waldsee gehüpft. Und, schlupp, hatte das Wasser ihn verschluckt.

Auf dem friedlichen See sah man nur noch kleine Wellen, die sich kreisförmig ausbreiteten, und einen Wasserfloh, der vergnügt darauf wippte.

Unter der Wasseroberfläche sank Henry wie ein Stein auf den Seegrund. Keine Panik, dachte er, ich muss einfach

schwimmen. So schwer kann das doch nicht sein. Ich mache es am besten genau wie ein Frosch.

Henry vollführte also mit allen vier Pfoten kreisende Bewegungen. Doch leider war er kein Frosch, sondern ein Gleithörnchen. In der Luft waren seine Flughäute hilfreich, unter Wasser waren sie es nicht. Statt sich mit seinen Schwimmbewegungen nach oben zu arbeiten, passierte das Gegenteil, er sank tiefer.

Zum Glück war das Wasser am Ufer nicht tief. Nach ein paar Schrecksekunden spürte Henry einen großen Stein unter seinen Hinterpfoten. Er stieß sich mit den Füßen davon ab, schnellte nach oben, durchbrach die Wasseroberfläche und schnappte nach Luft. Dann legte er die Arme eng an den Körper und paddelte nur mit den Beinen. Besonders gut kam er zwar nicht voran, aber er schaffte es so tatsächlich zum Ufer. Mit letzter Kraft kroch Henry an Land.

Und da saß er nun. Ein bibberndes, triefendes Nagetier mit extrem schlechter Laune. Abenteuer fand Henry plötzlich doof. Und zwar so richtig.

Doch Henry war ein Hörnchen, und die gaben niemals auf. Ein paarmal atmete er tief durch, und schon ging es ihm ein bisschen besser. Er legte den patschnassen Umhang ab und wärmte sich in der Sonne auf.

Als er nicht mehr fror, war auch die schlechte Laune weg. Und jetzt konnte Henry erkennen, wie schön der See war, in den er geplumpst war. Das Wasser funkelte hellgrün im

Sonnenlicht. Darauf schaukelten weiße und rosafarbene Seerosenblüten zwischen dunkelgrünen Blättern.

Eine blauschillernde Libelle sirrte vorüber und winkte Henry freundlich zu. Die Luft roch nach Pfefferminze, die am Seeufer wuchs. Als Henry vorsichtig an einem Blättchen knabberte, schmeckte es angenehm frisch.

Kein schlechter Ort für Abenteuer, dachte Henry, und sein Herz füllte sich mit Hoffnung. Vielleicht fing jetzt endlich eins an.

Und auf einmal entdeckte Henry etwas ganz Wundervolles. In der Mitte des Sees lag eine Insel. Vom Ufer aus sah man nur Gras und Gestrüpp. Aber darauf konnte alles sein. Ein Seeräuberlager. Ein Geheimnis. Oder vielleicht auch ein armes kleines Tier in großer Not. »Na bitte!« Henry rieb sich zufrieden die Pfoten. »Da ist es ja, mein Abenteuer! Nichts wie hin.«

Kapitel 3

Die geheimnisvolle Insel

Henry wollte die Insel unbedingt näher untersuchen. Aber er wusste nicht, wie er hinkommen konnte. Sollte er noch einmal schwimmen? Eben hatte er das ja kurz geschafft.

Vielleicht ging es auch länger. Er lockerte seine Muskeln, trat nah ans Wasser und hielt einen Zeh hinein.

»Brrr! Bäh! Igitt.« Henry zog den Fuß schnell zurück. Das Wasser war nass, kalt und eklig. Und Henrys Fell war gerade endlich wieder trocken, flauschig und warm. Das sollte unbedingt so bleiben. Außerdem war der Weg zur Insel ganz schön weit. Das würde er nicht schaffen.

»Es muss einen anderen Weg geben«, überlegte er laut. »Nicht durchs Wasser. Vielleicht durch die Luft. Ich könnte auf einen ganz hohen Baum klettern und dann in einem großen Bogen hinübergleiten.«

Eigentlich eine gute Idee. Aber als Henry sich umsah, merkte er, dass die Bäume am Ufer alle viel zu niedrig waren. Würde er von dort aus starten, würde er ziemlich sicher nicht auf der Insel landen, sondern mitten im See. *Brrr! Bäh! Igitt.*

»Hörnchen, sei schlau«, sagte Henry zu sich selbst und dachte noch angestrengter nach. »Wenn ich nicht durchs Wasser auf die Insel kann, und auch nicht durch die Luft, muss ich wohl einen Tunnel graben. Ich buddele mich einfach unter dem See durch und komme genau unter der Insel wieder nach oben.«

Gute Idee eigentlich. Doch als Henry den Ufersand beiseite scharrte, um ein Loch zu graben, füllte sich die Kuhle sofort mit Wasser. Er versuchte es an einer anderen Stelle, aber da passierte dasselbe. Und an einer dritten Stelle auch.

»Hmmm.« Henry dachte gründlich nach. Graben funktionierte hier nicht. Was konnte er dann tun?

Auf einmal fiel ihm ein, wie er damals, aus Amerika kommend, den großen Ozean überquert hatte. »Ich brauche ein Schiff!« Er klatschte in die Hände. »Kein so großes wie fürs Meer. Ein kleines Boot reicht aus. Ich baue mir eins. Und ich weiß auch schon, was für eins: ein Segelboot. Dafür brauch ich nicht mal ein Segel.« Er streckte die Arme aus und betrachtete seine Flughäute. »Ich bin ja selbst eins. Ich stelle mich einfach drauf und segele los.«

Hurra! Eine supergute Idee! Henry hoppelte in den Wald und suchte den moosigen Boden so lange ab, bis er ein schönes, großes flaches Rindenstück gefunden hatte.

Ächzend und schnaufend zog er es durch den Wald. Verflixt und zugenagt, was war das Ding schwer.

Endlich hatte er es geschafft, es lag jetzt ganz dicht am schwappenden Wasser auf dem Sand. Zuallererst musste Henry ausprobieren, ob es schwamm. Er band es mit seiner Schnur an einem Uferstein fest, damit es nicht forttreiben konnte. Nun gab er dem Boot mit aller Kraft einen Stoß, und es glitt ins Wasser.

Erst ging es ein bisschen unter, und Henry erschrak, aber da tauchte es schon wieder auf. Und, hurra, es schwamm.

Er zog das Boot an der Schnur zum Ufer zurück. Dann knotete er es los und setzte vorsichtig einen Fuß nach dem anderen auf die Rinde. Seinen Mantel ließ er lieber am Ufer zurück. Der sollte nicht schon wieder nass werden.

Huiuiui, war das wackelig. Henry schwankte hin und her wie ein Schilfhalm im Wind. Aber er schaffte es tatsächlich, auf dem Rindenboot stehenzubleiben, bis es sich beruhigt hatte und friedlich und still auf dem Wasser lag.

Nun breitete Henry beide Arme aus und entfaltete seine Flughäute. »Tadaaa«, schmetterte er entzückt. »Hier kommt Mausmän, Segel und Segler zugleich!«

Eigentlich wirklich eine tolle Idee. Nur leider braucht man zum Segeln Wind. Wenigstens eine sanfte Brise. Und in diesem Moment wehte nicht der winzigste Lufthauch über den See. Still, glatt und grün lag das Wasser zwischen den Bäumen.

Und ohne Wind war Henry weder Segel noch Segler. Er war nur ein Hörnchen auf einer Baumrinde, die auch noch langsam vom Ufer wegdümpelte, sobald Henry sich ein winziges bisschen bewegte. Und nun gab es kein Zurück. Wenn Henry ans Ufer wollte, musste er ins Wasser sprin-

gen. O weh! Höchster Hörnchenhorror. Krasse Katastrophe. Peinliches Pech.

Doch Hörnchen geben bekanntlich niemals auf.

»Ich hab Zeit«, murmelte Henry. »Ich kann hier so lange stehen, bis es windet. Was es ja irgendwann immer tut.«

Also stand Henry eine Weile bewegungslos auf dem Boot. Was nicht nur langweilig, sondern auch anstrengend war.

»Ich kann auch sitzen.« Henry faltete die Flughäute zusammen und nahm vorsichtig auf der Baumrinde Platz.

»Oder liegen«, seufzte er eine halbe Stunde später. »Und

an was Schönes denken.« Also legte er sich auf den Rücken, betrachtete die Wolken am Himmel und dachte an Adelina.

Als die Sonne langsam hinter den Bäumen unterging und die Dämmerung den See dunkelgrün färbte, überlegte Henry, ob er auf der Rinde schlafen sollte. Oder sollte er sich lieber auf den Bauch drehen und mit den Vorderpfoten zum Ufer paddeln? War das zu schaffen?

Doch bevor er eine Entscheidung treffen konnte, hörte Henry über sich ein leises Rauschen. Er blickte nach oben. Die Blätter der Bäume am Ufer bewegten sich und machten dieses Geräusch. Kurz darauf raschelte es neben ihm im Schilf.

Auf einmal entstanden kleine Wellen auf der Wasseroberfläche, und das Rindenboot schaukelte.

»Wind!«, flüsterte Henry glücklich. »Endlich! Wie schön!«

Er rappelte sich auf, stellte sich kerzengerade mitten aufs Boot und streckte die Arme aus. Sofort verfing sich ein Hauch Abendwind in seinen Segelflügeln, und das Rindenboot setzte sich in Bewegung. Erst langsam, dann immer schneller. Henry bewegte behutsam die Arme nach links, und es fuhr eine Kurve. Er drehte sich wieder nach rechts, das Boot wendete und fuhr in die andere Richtung. »Ich kann lenken!«, jubelte Henry. »Hurra!«, rief er über das dunkelgrüne Wasser. »Mausmän, der Entdecker, erobert den See!« Und weil ihm das Segeln so viel Spaß machte, kurvte er eine Weile kreuz und quer über das Wasser. Irgendwann fiel ihm dann die Insel wieder ein, und er fuhr direkt darauf zu. Er wollte sie unbedingt erkunden, bevor es dunkel wurde.

Von weitem hatte sie eher klein ausgesehen. Aber als Henry jetzt nähersegelte, kam sie ihm plötzlich größer vor. Nicht gerade riesig, aber es konnte schon jemand darauf wohnen. Ein Biber zum Beispiel hätte genug Platz. Ein Fischotter auch, oder eine Wasserratte. Vielleicht hatte ja auch eine Ente dort ein Nest gebaut. Wenn Henry da jetzt einfach abends auftauchte, wäre das möglicherweise unhöflich.

»Am besten, ich umsegele die Insel erstmal«, sagte er zu sich selbst. »Dann seh ich ja, ob jemand da ist.«

Er drehte die Arme so, dass er im Bogen um die Insel fahren konnte. Einmal, zweimal, und zur Sicherheit noch ein drittes Mal. Soweit er das im Dämmerlicht beurteilen konnte, war sie ganz und gar unbewohnt.

»Dann wohne ICH jetzt da!«, beschloss Henry. »Wenigstens für eine Nacht! Was für ein Abenteuer!«

Er hatte seinen Umhang zwar drüben am Ufer gelassen. Aber auf der Insel wuchs weiches Gras, in das er sich kuscheln konnte. Und es war heute wirklich nicht kalt. Eine Nacht konnte er ohne Kompass und Glücksbringer gut schaffen. Und die Schnur hatte er ja dabei.

»Mausmän, der Inselbewohner!«, schmetterte er, als er an einer sandigen Stelle anlegte. »Das ist zwar noch keine Geschichte«, ächzte er, während er das Rindenboot ans Ufer zog, das hier ganz schön steil war. »Aber immerhin der Anfang davon«, sagte er und bahnte sich einen Pfad durch das hohe Inselgras, das noch nie ein Mensch gemäht hatte. Sein Ziel war der höchste Punkt der Insel. Von da konnte er sich am besten einen Überblick verschaffen.

Oh, wow, war es hier oben schön! Man konnte alles sehen. Den Himmel. Die ganze Insel. Den See. Das andere Ufer. Ein wirklich idealer Platz für ein Schlaflager. Er musste nur noch ein bisschen Gras abnagen und sich ein Nest daraus bauen. Sofort machte Henry sich an die Arbeit.

Nanu, was war das? Hinter einem dichten Grasbüschel blitzte etwas golden im Abendlicht. Henry huschte Hals über Kopf darauf zu. »Oh!«, seufzte er ehrfürchtig, als er sah, was da funkelte. »Ein goldener Teller! Mit einem Zickzackrand. Wie wunderschön! Wem der wohl gehört?«

Er stellte sich auf die Hinterpfoten und blickte sich um.

»Hallo?«, rief er. »Ist hier jemand, der seinen Teller verloren hat?«

Niemand antwortete. Und es war weit und breit keine Spur von irgendwem zu sehen. Kein Nest, keine Höhle. Keine Fuß- oder Pfotenspuren, kein niedergetrampeltes Gras, nicht mal ein Kackhäufchen. Also war niemand da.

Henry beschnüffelte den Teller. Der roch auch nach nichts. Weder nach Essen noch nach Tier. Von dem hatte schon lange niemand mehr gegessen. Zuletzt drehte und wendete Henry den goldenen Teller in seinen Pfoten. Es war weder Schrift noch ein anderes Erkennungszeichen darauf.

»Das muss ein Schatz aus längst vergangenen Zeiten sein, der keinem mehr gehört«, flüsterte Henry. »Und ich habe ihn gefunden. Also gehört er jetzt mir!«

Er reckte die Arme zum Himmel und schmetterte laut: »Tadaaa! Mausmän, der Schatzentdecker! Was für ein Held!«

Um den Teller gleich auszuprobieren, sammelte Henry ein paar Gänseblümchen und legte sie darauf. Hübsch sah das aus. Er aß eins und fand, dass es viel besser schmeckte

als alle Gänseblümchen, die er je gegessen hatte. Das musste am Teller liegen. Man fühlte sich einfach großartiger als sonst, wenn man von feinem goldenem Geschirr speiste.

Satt und zufrieden rollte Henry sich wenig später in seinem weichen Nest zusammen, schloss die Augen und stellte sich vor, wie er den Teller zur Burg bringen würde. Alle würden ihn bestaunen und aufgeregt fragen, wo er ihn gefunden hatte. Doch statt zu antworten, würde Henry zu Adelina gehen und ihr den Teller schenken. Sie würde sich ganz bestimmt megamausig darüber freuen. Vielleicht bekam ausnahmsweise Adelina rosa Öhrchen. Das würde ihr bestimmt gut stehen. Mit diesem schönen Gedanken schlief Henry lächelnd ein.

Kapitel 4

Ach du Schreck!

Am nächsten Morgen wurde Henry von einer vorbeisummenden Libelle geweckt. Er erwachte aus einem wunderschönen Traum von einem goldenen Teller. Als er sich rekelte, fühlte er etwas Glattes, Kühles an seiner rechten Pfote. Er öffnete die Augen und sah einen goldenen Teller in der Sonne funkeln. Oh, den gab es ja wirklich!

Auf einen Schlag war Henry hellwach und topfit. Er setzte sich auf und betrachtete seine Umgebung. Eine Insel, auf der man schon am ersten Tag einen Goldteller fand, hatte bestimmt noch mehr tolle Überraschungen zu bieten.

Wie schön es hier war! Schwalben sausten pfeilschnell durch die Luft. Tautropfen glitzerten an Grashalmspitzen. Das Wasser des Sees schimmerte hellgrün im Morgenlicht. Und ganz weit drüben, bei den Seerosen, dümpelte ein schönes Rindenstück auf winzigen Wellen, das sich hervorragend als Boot eignen würde, falls Henry mal ein zweites brauchen sollte. Es sah genauso aus wie sein Rindenboot.

Ähm. Moment. *Wie sein Rindenboot?*

Vor Schreck setzte Henrys Herz einen Schlag aus. War das etwa wirklich *sein* Boot. Nee, oder?

Er sprang auf die Füße und sah noch einmal genauer hin. Heiliger Hörnchenhimmel! Hinten an dem Rindenstück hing eine helle Schnur. Genau wie bei seinem Boot. Also war es seins.

Er rannte zum Ufer und hoffte unterwegs, dass er sich irrte, obwohl er ahnte, dass es nicht so war.

Und tatsächlich: Sein Boot war weg. Da war nur noch eine Rutschspur im feuchten Sand. Das Rindenstück musste nachts im Wind vom steilen Ufer in den See geweht worden sein, und weil Henry es nicht festgebunden hatte, war es abgetrieben.

»Ich hirnloses Hörnchen«, klagte Henry laut. »Oh, ich nachlässiges, nichtsnutziges

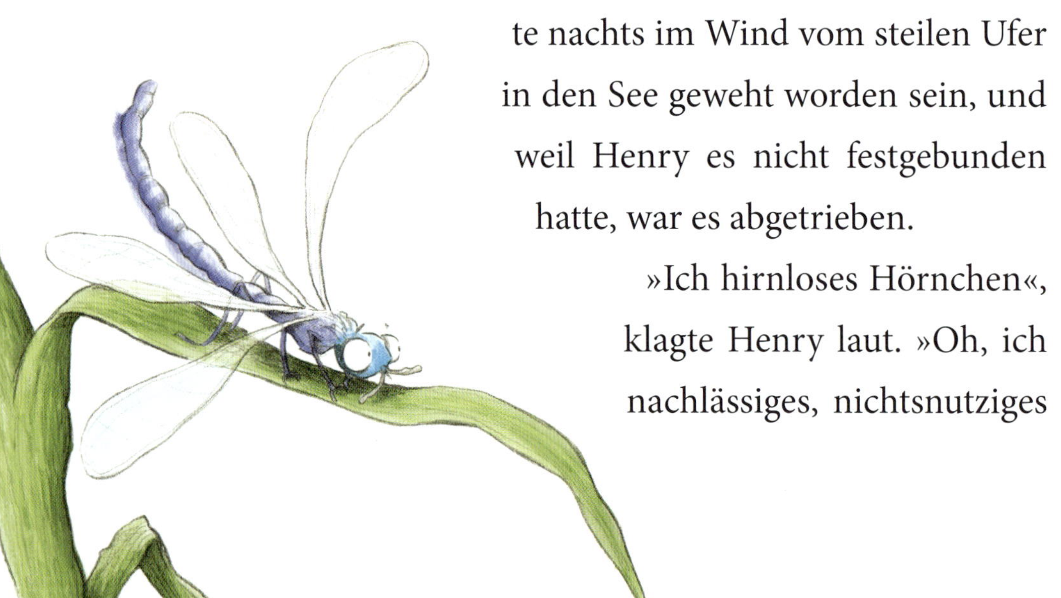

Nagetier. Warum hab ich das nur vergessen?« Mutlos sank er auf den sonnenwarmen Ufersand. »Man sollte einfach nie ohne Glücksbringer Boot fahren,«, jammerte er laut. »Was mach ich denn jetzt? Auf der Insel wächst kein Baum. Also gibt es hier auch keine Rinde. Und ich kann doch kaum schwimmen. Eine so weite Strecke schaffe ich niemals ohne Boot.«

Aber Henry war ein Hörnchen, und die jammern und klagen nie lang. »Immerhin ist das ein Abenteuer«, tröstete er sich selbst. »Allein auf einer Insel! Einsam verschollen im großen Nichts des Sees! Kann ein heldenhaftes Hörnchen diese Herausforderung überleben?« Na, wenn das keine spannende Geschichte war. Jetzt fühlte sich Henry schon besser.

Er dachte noch eine Weile über seine Lage nach und fand sie dabei immer interessanter. Es wäre vielleicht gut, wenn er richtig lange hier bleiben müsste. Nicht nur einen Tag, sondern zwei. Oder noch besser, zwanzig. Oder sogar zweihundertzweiundzwanzig Tage. Ja, das war gut, das war eine richtig schöne Zahl. Zufrieden rieb er sich die Pfoten. Bestimmt wäre das sogar ein Weltrekord. Garantiert war noch nie ein Hörnchen so lang allein auf einer Insel gewesen.

Und er konnte das schaffen, da war er sicher. Es gab ja genug Gras auf der Insel, um keinen Hunger leiden zu müssen. Und Wasser hatte er auch. Er musste sich also nur noch ein gemütliches Lager bauen und sich etwas ausdenken, was er die ganze Zeit tun konnte. Und er musste natürlich rechtzeitig merken, wann die lange Zeit vorbei war. Er würde einfach jeden Tag einen Stein auf einen Haufen legen, und wenn er ungefähr zweihundertneunzehn Steine hatte, würde er langsam über einen Weg von der Insel aufs Festland nachdenken. Ihm würde bestimmt einer einfallen. Ihm fiel ja eigentlich immer was ein.

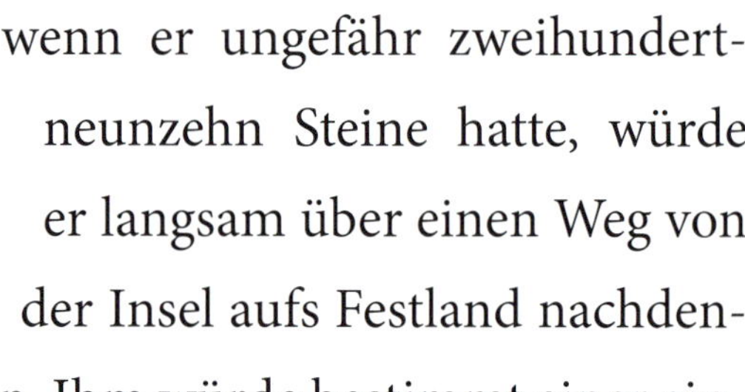

Jetzt war es aber erst einmal Zeit für Stein Nummer eins. Henry kratzte lange im Sand herum, bis er einen besonders schönen, grünen Kieselstein gefunden hatte. »Haha!« rief er begeistert. »Den nehm ich. Und morgen suche ich einen in einer anderen Farbe. Das mach ich jetzt immer so, und dann wird mein Steinhaufen kunterbunt!«

Er trug den grünen Stein zum höchsten Punkt der Insel. »Sicher ist sicher«, murmelte er dabei.

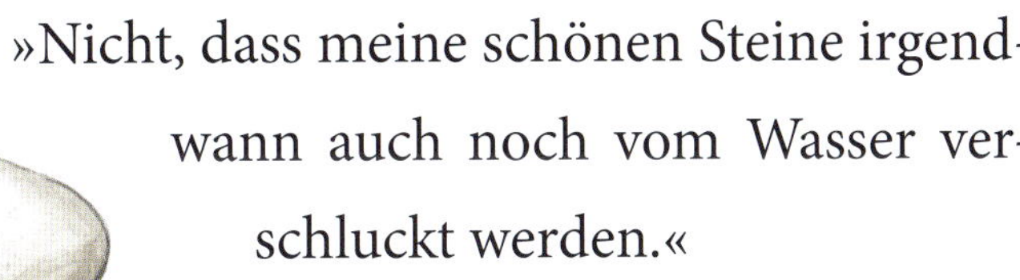

»Nicht, dass meine schönen Steine irgendwann auch noch vom Wasser verschluckt werden.«

Den Vormittag verbrachte Henry dann damit, die Insel noch genauer zu erkunden. Sie hatte die Form einer Birne. Am hinteren Ende, wo die Birneninsel dick war, wuchs ein bisschen Gestrüpp, in der Mitte und am dünnen Ende waren überall Gras, Blumen und Kräuter. Im Ufersand gab es sehr viele kleine Steine, sie würden auch für tausend Tage reichen. Aber so lange wollte Henry dann doch nicht bleiben. Zweihundertzweiundzwanzig waren mehr als genug.

Leider fand Henry bei der Erforschung der Insel nicht noch mehr goldene Teller. Aber eigentlich war ein einziger ja viel besser. Der war dann nämlich besonders viel wert.

Immerhin entdeckte Henry am Rand des Gestrüpps noch ein paar größere Steine, und er beschloss, sich ein Haus zu bauen.

Es dauerte eine Stunde, bis er es geschafft hatte, vier davon auf die höchste Stelle der Insel neben seinen noch sehr kleinen Steinhaufen zu rollen. Dort legte er sie zu einem Viereck zusammen, in dessen Mitte genug Platz für ein Hörnchen war. Anschließend nagte er ein paar Zweige von dem Gestrüpp, schleppte sie zum Bauplatz und legte sie als Dach auf die Steine. Damit sie bei Wind und Wetter nicht wegfliegen konnten, beschwerte er sie noch mit ein paar flachen Steinen.

Und innen polsterte Henry sein Haus weich mit Gras, Blättern und duftenden Kräutern.

Das dauerte den ganzen Tag, und Henry schuftete dabei schwer. Aber die Arbeit hatte sich gelohnt, das sah er, als er sein Bauwerk abends betrachtete. Es sah richtig toll aus. Und es war gemütlich. Und fest und sicher und warm. Der goldene Teller wirkte darin geradezu edel. Das Haus war wirklich perfekt!

»Mausmän, der Erbauer«, schmetterte Henry in die Dämmerung.

Jetzt brauchte die Insel nur noch einen Namen.

Vielleicht Henryland? Oder Heldenhörnchenland? Nein, das war zu angeberisch. »Ich benenne sie lieber nicht nach mir selbst«, überlegte Henry laut. »Lieber nach jemandem, den ich mag. Nach Adelina vielleicht. Wobei, sie bekommt ja schon den goldenen Teller. Also nehme ich vielleicht Miss Miffy. Die hätte eine solche Ehre wirklich verdient. Und sie ist ja sogar selbst ein bisschen birnenförmig.« Er dachte kurz nach. »Also Miffyland? Nee, das klingt nicht gut. Vielleicht nehme ich dann doch lieber Liesel. Mauswieselland? Hmmm.«

Henry war noch immer nicht begeistert und dachte lieber ein bisschen länger nach. Und das war gut, denn jetzt fand er die passende Lösung: »Die Insel bekommt einfach einen Namen, der zu allen Mausbewohnern der Burg gut

passt und außerdem abenteuerlich klingt. Ich nenne sie, tadaaa …« Er breitete die Arme aus und rief aus voller Brust: »Mausitius!!!«

An diesem Abend rollte Henry sich hochzufrieden in seinem neuen Haus zusammen. Was für ein wunderschöner erster Inseltag! Wenn es so weiterging, würde die Zeit wie im Flug vergehen.

Der zweite Tag auf Mausitius fing ebenfalls sehr gut an. Henry fand morgens einen kleinen lila Stein für seinen Steinhaufen, kurz darauf entdeckte er duftende Thymianblättchen, die er zum Frühstück knabberte. Und als es mittags regnete, fand Henry das überhaupt nicht schlimm. Er verkroch sich in sein Haus, futterte ein bisschen Gras und machte danach einen Mittagschlaf.

Als Henry aufwachte, regnete es leider immer noch. Aber das war eigentlich auch nicht schlimm. Henry hatte sowieso keine Idee, was er noch tun konnte. Mausitius war bereits erforscht. Das Haus war fertig. Und gutes Futter hatte Henry auch.

Er hätte jetzt gern mit jemandem geplaudert. Aber da war niemand. Die Schwalben sausten viel zu weit oben durch die Luft. Die Libelle, die hin und wieder vorüberbrummte, hatte ihn noch nie beachtet. Und der Frosch, der ab und zu auf den Seerosenblättern saß, hatte nicht einmal zurückgegrüßt, als Henry ihm zugewunken hatte.

Na ja, egal, dachte Henry. Auf einer einsamen Insel war man nun mal einsam. Das gehörte einfach dazu.

Aber am Abend fühlte Henry sich dann doch plötzlich ein bisschen sehr allein auf Mausitius.

Um seine Stimmung aufzubessern, dachte er an Adelina. Und weil er gerade sehr viel Zeit hatte, reimte er für sie ein kleines Gedicht.

Das war nicht so schwer, wie er gedacht hatte, und Henry fand das Ergebnis sehr gut gelungen. Vielleicht würde er jetzt jeden Abend eins verfassen. Dann hatte er bei seiner Abreise ganz viele Hörnchengedichte. Und die konnte er dann nach seiner Rückkehr abends im Burghof vortragen. Alle bis auf eins. Das erste Gedicht war nur für Adelina bestimmt.

»Mausmän, der Dichter«, flüsterte Henry in die Nacht.

Kapitel 5

Ein seltsames Flonk

Nach einer Woche Inselleben schlurfte Henry morgens matt und müde zum Strand. Er musste Stein Nummer sieben holen. Aber so richtig Lust hatte er dazu nicht. Deswegen nahm er einfach den ersten Kiesel, der ihm in die Pfoten geriet. Er war grau. Egal. Was nützte ein schöner, bunter Steinhaufen, wenn ihn doch keiner sah?

Zum Frühstück fraß Henry nur ein vertrocknetes Blatt, das der Wind vor sein Haus geweht hatte. Zurzeit schmeckte sowieso alles irgendwie verdorrt, fand er, da musste er sich nicht auch noch die Mühe machen, frische Kräuter zu suchen.

Stattdessen rollte er sich auf seinem Lager zusammen, um ein Gedicht zu reimen. Nur seine Nase guckte noch

heraus. Und ein Ohr. Sicherheitshalber. Damit er es hörte oder roch, falls heute irgendetwas Schönes auf Mausitius passieren sollte. Wobei, wahrscheinlich war das eigentlich nicht. Hier passiert ja nie was.

Und das mit den Gedichten klappte auch nicht so wie geplant.

Obwohl Henry jetzt schon den siebten Tag auf der Insel verbrachte, war ihm noch kein zweites gelungen. Er wusste zwar schon, wie sein nächstes Werk heißen sollte, nämlich *Wunderschöne Burg Funkelstein, du meine Heimat*. Und es war ihm auch völlig klar, was darin vorkommen musste. Es sollte davon handeln, wie glücklich man auf dieser Burg leben konnte. Aber Henry fielen einfach keine schönen Wörter ein, die sich auf *Funkelstein* reimten. In seinem Kopf waren nur noch lauter traurige Wörter wie *allein* und *gemein*. Oder merkwürdige wie *Warzenschwein*. Er kam und kam nicht weiter.

Henry seufzte abgrundtief. »Zweihundertzweiundzwanzig Tage auf einer einsamen Insel«, flüsterte er. »Das klingt von außen betrachtet spannend und toll. Aber wenn man drinsteckt, fühlt es sich gar nicht so an. Irgendwas mach ich falsch.«

Er dachte hin und her, aber ihm fiel nicht ein, was er anders machen konnte. Was bei einem Hörnchen sehr selten vorkommt. Und wenn das passiert, ist es gar kein gutes Zeichen.

Also tat Henry das, was Hörnchen in höchster Gefahr tun. Er trat vor sein Haus, reckte das Schnäuzchen zum Himmel und fiepte. Aber wie! Ein Pfeifton, laut, schrill und trommelfellquälend, gellte über den grünen See. Hörnchennotalarm.

Das war zwar nicht heldenhaft, das war Henry schon klar. Aber es war ja niemand da, der das hätte merken können.

Und genau das war Henrys Problem. Er hätte alles dafür gegeben, wenigstens kurz mit jemandem plaudern zu können. Oder mit jemandem schöne Steine zu suchen. Oder gemeinsam zu frühstücken. Aber er war hörnchenseelenallein. Und er wusste nicht, wie er das noch zweihundertfünfzehneinhalb lange Tage aushalten sollte. Schon allein bei dem Gedanken wurde ihm so elend zumute, dass er sein Schnäuzchen ein zweites Mal aufriss. »Fiiiep!«, gellte es erneut über die Insel. »Fiiiep, fiiiep, fiiiep!«

Plötzlich sauste ein Schatten über die Insel, und Henry klappte sein Maul ganz schnell zu. Ein Raubvogel! Ein Bussard! Im Niedrigflug! Nichts wie zurück ins Haus. Bestimmt hatte der Hunger und hoffte auf ein saftiges kleines Tier.

Henry huschte blitzschnell ins Haus und machte sich winzig klein. Dann hielt er die Luft an und stellte sich tot.

Auf einmal hörte Henry draußen ein Geräusch. *Flonk.*

Es klang, als wäre etwas höchst unsanft auf den Boden geplumpst.

Und dann nahm Henry ein Rascheln wahr. Lief da jemand durchs Gras? Der Raubvogel etwa? Aber was war dieser seltsame, feine Begleitton? Knisterte da Papier? Und war da nicht auch noch eine Stimme, die leise vor sich hin schimpfte?

Doch! Draußen, ganz in der Nähe von Henrys Haus, redete jemand. Und dieser jemand hatte keine Mäuse- oder Hörnchenstimme. Aber er klang auch nicht wie ein Bussard. War das vielleicht eine Schwalbe? Doch wie konnte die einen so großen Schatten werfen?

»Autz!!!!«, sagte der Jemand jetzt etwas lauter.

Henry hatte keine Ahnung, was das hieß. »Hallo?«, fragte er vorsichtig. »Wer da?«

Plötzlich war draußen kein Geräusch mehr zu hören. Auf Mausitius war es so still, als hielten alle den Atem an.

Henry zumindest tat das wirklich, und der Jemand offenbar auch.

»Hallo?«, wisperte Henry erneut. »Bitte nicht wegfliegen! Ich muss mit dir reden.«

»Wie soll ich denn wegfliegen?«, fragte das fremde Tier, und wieder hörte Henry gleichzeitig dieses merkwürdige

Zischeln, das so klang wie knitterndes Papier. »Ich bin doch kein Hubtzrauber. Also echt.«

Henry kroch aus seinem sicheren Haus und setzte sich auf die Hinterpfoten. »Was bist du dann?«, wollte er wissen. »Und wo bist du überhaupt? Ich seh dich nicht.«

»Hä?«, rief die Stimme. »Warum nicht? Bist du ein Blindhörnchen, oder was? Hier bin ich! Huhu!«

Auf einmal bemerkte Henry genau über seinem kleinen Steinhaufen eine Bewegung. Da winkte eine kleine, grüne Krallenhand. Und jetzt sah Henry auch, dass der oberste Stein seines Haufens gar kein Stein war, sondern eine grüne Nase. Über den Steinstapel lugte ein winziges Schuppentier. »Bist du ein Krokodil?«, fragte Henry vorsichtig, denn von dieser Tierart hatte er in Amerika nichts Gutes gehört. Die fraßen angeblich Hörnchen aller Art.

Das kleine grüne Tier lachte ein leise zischelndes Papierknistergelächter. »Nicht ganz faltz, aber auch nicht ganz richtig«, sagte es, als es sich wieder beruhigt hatte. »Ich sehe zwar aus wie ein Krokodil. Also tzon sehr gefährlich. Aber ich bin ein Eidechserich. Und ich bin friedlich, solange man mich in Ruhe lässt.« Der Eidechserich wuselte um den Steinhaufen herum, setzte sich vor Henry hin und streckte ihm die Krallenhand entgegen. »Getztatten, mein Name ist

Wasabi«, lispelknisterte er. Das Papiergeräusch gehörte offenbar zu seiner Stimme.

»Sehr angenehm.« Henry strahlte. Ein Eidechserich war viel besser als eine Schwalbe, der konnte nicht wegfliegen. »Ich bin Henry. Ich bin vor sieben Tagen auf dieser einsamen Insel gestrandet.«

»Das ist also eine Insel?«, fragte Wasabi. »So richtig? Mit Wasser drumrum?«

»Ganz genau«, antwortete Henry stolz.

Wasabi dachte nach. »Du kannst nicht zufällig tzwimmen, oder?«

»Nein. Und du?«

»Normalerweise tzon«, sagte Wasabi. »Aber hinten ohne geht es nicht. Da fehlt das Ruder.«

»Hinten ohne?«, fragte Henry. Und jetzt sah er es auch. An Wasabis Hinterteil fehlte der Eidechsenschwanz.

»Oh! Was ist passiert?«, wollte Henry wissen. »Wo ist dein Schwanz?«

»Tja.« Wasabi rieb sich nachdenklich das Kinn. »Das ist eine lange Getzichte. Sag mal, du hast nicht zufällig ein Boot?«

»Hatte ich«, berichtete Henry. »Aber es ist weg.«

»Oh.« Wasabi blickte ihn neugierig an. »Wo ist es hin?«

»Tja.« Nun rieb Henry sich nachdenklich das Kinn. »Das ist eine lange Geschichte. Und sie endet damit, dass ich hier gerade ein Abenteuer erlebe. Einen Weltrekord. Ich werde bald das Gleithörnchen sein, das am allerlängsten auf einer einsamen Insel gelebt hat. Zweihundertzweiundzwanzig Tage lang.«

»Aha!«, sagte Wasabi. »Sehr tzön. Und sehr tzpannend. Ich mach mit.«

»Einverstanden«, sagte Henry ganz schnell, bevor Wasabi es sich anders überlegen konnte. »Dann ist das zwar keine einsame Insel mehr. Aber das ist okay. Dafür kann ich später allen Mäusen die Geschichte erzählen, wie ich eine Eidechse gezähmt habe.«

»Roarrr!« Wasabi riss knurrend sein graugrünes Echsenmaul auf. Vor Schreck machte Henry einen Schritt rückwärts, stolperte und plumpste unsanft auf sein Hinterteil.

»Spinnst du?«, fragte er empört. »Was soll das?«

»Tzuldigung!« Wasabi grinste. »Das war für deine Getzichte. Ich war ein bisschen wild. Dann musst du dir nicht so viel ausdenken.«

»Danke, wirklich sehr hilfreich«, knurrte Henry leicht beleidigt.

Wasabi knuffte ihn aufmunternd in die Seite. »Ach komm, tzmoll nicht. War Tzpaß!«

Und jetzt musste Henry selbst lachen. Mit aufgerissenem Maul hatte der winzige Wasabi nämlich wirklich lustig ausgesehen.

Jetzt watschelte der Eidechserich zu Henrys Haus und beäugte es von oben bis unten. »Hast du das gebaut?«, wollte er wissen.

Henry nickte.

»Ist das Dach tzon bewohnt?«, fragte Wasabi weiter.

»Das Dach? Nein.«

Wasabi nickte zufrieden. »Dann tzlaf ich da jetzt. Wenigstens bei Sonne. Bei Regen komm ich zu dir rein.«

»Äh, ja«, stimmte Henry hastig zu. Eigentlich ging ihm das mit dem Zusammenwohnen ein bisschen schnell. Aber er wollte Wasabi auf gar keinen Fall vergraulen. Und der Eidechserich war ja zum Glück klein, viel Platz brauchte er wohl nicht.

Wasabi drehte sich jetzt um und betrachtete sein eigenes Hinterteil. »Hmmm«, murmelte er. »Irgendwie komitz, so hinten ohne. Aber wächst ja wieder nach.«

»Erzähl doch mal, wie das kam«, sagte Henry. »Ich hab Zeit für lange Geschichten. Noch zweihundertfünfzehn Tage. Komm, wir machen es uns gemütlich, und du legst los.«

»So lang ist die Getzichte dann doch nicht«, meinte Wasabi. »Aber gemütlich machen wir es uns trotzdem. Wo ist denn auf deiner Insel der tzönste Ort zum Erzählen?«

Voller Vorfreude auf den spannenden Bericht führte Henry seinen neuen Freund zu seinem Lieblingsplatz.

Kapitel 6

Wasabis Geschichte

Henry und Wasabi saßen nebeneinander am Ufer und blickten hinaus auf den glitzernden See. Zusammen sah er noch viel schöner aus als allein, fand Henry. Und ihm fielen plötzlich viele zauberhafte Wörter ein, die sich auf See reimten. Fee. Reh. Oder auch Glücksklee.

»Erzähl mir alles von dir!«, bat er den Eidechserich. »Fang ganz vorne an, ja? Ich habe schon viel zu lange niemandem mehr zugehört. Meine Ohren sind ganz ausgehungert.«

»Na gut«, sagte Wasabi. »Wie du willst.« Er dachte kurz nach. »Also, ganz am Anfang meiner Lebensgetzichte war ich ein kleines Eidechsenei. Weiß und rund. Meine Mutter vertzteckte mich damals in einer Sandhöhle unter einem Tztein, so wie Eidechsenmütter das immer tun.«

»Hattest du Geschwister?«, fragte Henry und dachte an seine Brüder, die ihn früher oft geärgert hatten.

Wasabi runzelte die Stirn. »Keine Ahnung«, sagte er. »Als ich tzlüpfte, war niemand da. Aber das muss nichts heißen. Vielleicht sind sie tzneller getzlüpft und waren tzon vertzwunden.«

»Verschwunden?«, fragte Henry. »Komisch. Was hat denn deine Mutter dazu gesagt? Die musste das doch wissen.«

Wasabi zuckte mit den Schultern. »Die war auch weg. Das ist bei Mauereidechsen immer so. Unsere Mütter legen nur die Eier, dann ziehen sie weiter. Sobald wir getzlüpft sind, müssen wir alles selbst machen.«

»Oh, echt? Alles? Und woher hast du deinen Namen?«

»Hab ich mir selbst ausgesucht«, sagte Wasabi. »Ist doch tzön, oder? Klingt nach Krokodil. Außerdem ist kein Tz drin.«

»Kein was?«

Wasabi hob die Schnauze. »Kein Tzzzzz!«, zischte er so überdeutlich, dass Henry ein paar Spucketröpfchen abbekam. »Das Tz kann ich nämlich leider nicht austzprechen.«

»Ich finde, das kannst du sogar sehr gut«, wandte Henry ein und wischte sich unauffällig ein Tröpfchen von der Schulter.

Wasabi verdrehte die Augen. »Ich meine nicht dieses Tz, sondern das, was in Wörtern wie tzön oder tzrecklich oder Tznauze oder Tzwanz tzteckt«, erklärte er.

»Ach so, du meinst ein Sch.«

Wasabi nickte. »Sag ich doch. Aber ich kann's halt nicht *richtig* sagen.« Er sah jetzt ein bisschen unglücklich aus.

»Macht doch nix«, tröstete Henry. »Man versteht dich

trotzdem sehr gut. Und jeder kann ja irgendwas nicht. Wasabi ist übrigens wirklich ein toller Name.«

»Danke«, sagte Wasabi geschmeichelt. Dann sah er Henry mit großen Augen an. »Was kannst du denn nicht?«

»Oh, viel«, antwortete Henry. »Schwimmen zum Beispiel. Oder richtig fliegen, also vom Boden aus. Nicht rosa werden, wenn es gewittert oder wenn Adelina mit mir spricht. Solche Sachen.«

»Macht doch nix«, sagte Wasabi. »Ich finde dich trotzdem gut. Und dein Name gefällt mir auch.«

»Danke.«

Beide schwiegen eine Weile und blickten zusammen aufs glitzernde Wasser. Dann fragte Henry: »Wie ging es dann weiter? Nach der Sache mit dem Ei?«

Wasabi räusperte sich, dann erzählte er: »Ich war fritz aus dem Ei getzlüpft und hatte noch keine Ahnung von der Welt. Trotzdem musste ich ganz tznell eine sichere Behausung finden, um nicht gefressen zu werden. Und ich hab's getzafft. Ganz allein. Ich hab das beste Eidechsenhaus der Welt gefunden.«

»Wo?«, fragte Henry. »Und wie sieht es aus?«

»Kennst du zufällig das Dorf Unterfunkeltztein?«, fragte Wasabi.

»Klar!«, rief Henry aufgeregt. »Es liegt unterhalb der Burg, auf der ich wohne. Die heißt Funkelstein. Deswegen heißt das Dorf auch Unterfunkelstein. Ich seh es immer von oben, wenn ich auf der Burgmauer stehe.«

»Oh!«, sagte Wasabi erfreut. »Dann sind wir fast Nachbarn. Da wohne ich nämlich. Siehst du von oben auch das Reitertztandbild vor dem Rathaus?«

»Du meinst den Ritter aus Stein auf dem Pferd aus Stein?«

»Genau!«

»Ja!«, sagte Henry. »Den kann ich sehen. Und ich weiß sogar, wer dieser Ritter ist, die Leseratte hat es mir erzählt. Das ist Graf Frido von Funkelstein, genannt der fürchterlich Nette.«

»Interessant«, sagte Wasabi. »Warum hieß der so?«

»Ich glaube, weil er fürchterlich nett war«, sagte Henry.

»Aha«, sagte Wasabi. »Genau da ist meine Wohnhöhle. Merk dir die Adresse. Unterfunkeltztein. Reitertztandbild. Unter dem Huf drei. Kannst mich gern mal besuchen.«

»Mach ich«, sagte Henry. »Dauert allerdings noch ein paar hundert Tage.«

Wasabi grinste.

»Und warum bist du heute hier vom Himmel geplumpst?«, wollte Henry jetzt wissen.

Wasabi seufzte. »Blöde Getzichte, das. Ich hab heute Morgen nicht aufgepasst. Das Wetter war tzön, und ich bin nach dem Aufwachen ganz tznell aus meiner Wohnung geflitzt, um mich zu sonnen. Dabei hab ich leider übersehen, dass auf dem Kopf von Graf Frido ein Raubvogel saß.«

»Ouh«, murmelte Henry. »Das war nicht gut!«

»Nein, gar nicht gut«, gab Wasabi ihm recht. »Der Vogel tzoss wie ein dunkler Pfeil auf mich herab, packte mich mit seinen Klauen am Tzwanz und tzwupp, war ich weg.«

»Uff. Und dann?«

»Dann fasste ich einen Plan. Wir Eidechsen können ja bekanntlich unseren Tzwanz abwerfen. Wir tzlenkern damit auf eine betztimmte Art herum, und zack, tzon ist er ab. Als der Raubvogel meinen Tzwanz festkrallte, betzloss ich, das zu tun.«

»Abwerfen?«, fragte Henry ungläubig. »Den Schwanz?« Er betrachtete seinen eigenen Puschelschweif. »Einfach so? Selber? Mit Absicht?«

Wasabi grinste. »Ja, klar. Tut nicht mal weh und wächst sogar

wieder nach. Aber leider flogen wir für meinen Plan viel zu weit oben. Ich hätte mir alle Knochen gebrochen, wenn ich von da runtergefallen wäre. Bis wir plötzlich …« Wasabi machte eine Pause.

Henry wurde ganz zappelig vor Neugier. »Bis ihr plötzlich was?«

»Bis wir plötzlich einen komitzen Ton hörten. Ein Pfeifen.«

»Oh«, sagte Henry, der ahnte, was das gewesen war.

»Der Bussard flog sofort tiefer«, berichtete Wasabi weiter. »Ich glaube, er wollte sehen, woher das kam. Wir hörten das Pfeifen ein zweites Mal, der Bussard flog noch tiefer, und das war mein Glück. Den Rest kennst du. Tzwanz ab. Flonk. Ätzebätze Pechvogel, kein Eidechsenfrühtztück für dich. Und jetzt bin ich hier.«

»Ja«, sagte Henry. »Genau am richtigen Ort. Und weißt du auch, wer da gepfiffen hat?«

»Nö«, sagte Wasabi.

»Das war ich!«, sagte Henry, halb verlegen, halb stolz. »Mir ging's in dem Moment nicht so gut. Deswegen hab ich ein Hörnchen-Notsignal gesendet.«

»Oh!« Wasabi rückte unauffällig ein bisschen näher an Henry heran. »Dir ging es nicht gut? Erzähl mal.«

Und nun erzählte Henry Wasabi seine Lebensgeschichte. Auch von Anfang an. Wie er nach seiner Geburt mit fünf Brüdern in einer Baumhöhle aufgewachsen war. Dass er immer der kleinste von allen gewesen war und deswegen gern groß und weltberühmt sein wollte. Er berichtete Wasabi, was er bis jetzt alles getan hatte, um ein Superheld zu sein. Und dass er deswegen auf dieser Insel war. Für den Weltrekord als weltbester Inselüberlebender. Aber dass das verflixt langweilig war. So öde, dass er vor lauter Alleinsein irgendwann nur noch fiepen konnte.

»Den Rest kennst du«, beendete Henry seine Geschichte.

»Fiep. Flonk. Pech für den Vogel. Glück für mich. Denn jetzt bist du hier.«

»Dann war das Tzicksal!«, sagte Wasabi nachdenklich.

»Wie meinst du das?«

»Na, das Tzicksal hat uns beide in höchster Not zusammengeführt«, behauptete Wasabi mit fester Stimme. »Das muss was bedeuten.«

»Was denn?«, wollte Henry wissen.

Wasabi dachte lange über die Antwort nach. »Keine Ahnung«, gab er schließlich zu. »Aber ich wette, das finden wir irgendwann raus.«

Kapitel 7

Zusammen ist man weniger allein

Am nächsten Morgen suchten Henry und Wasabi gemeinsam nach dem nächsten Kiesel für Henrys zweihundertzweiundzwanzig Steine.

»Oh!«, rief Wasabi. »Guck mal! Der ist doch tzön, oder?«

Er wuselte über den Strand, hob einen glänzenden roten Stein auf und zeigte ihn Henry.

»Sehr schön!«, gab Henry zu. »Aber für unseren Zweck ist er leider viel zu klein. Er würde zwischen die größeren Steine rutschen, und man würde ihn dann nicht mehr sehen.«

»Tzimmt!«, meinte Wasabi. »Oh, guck mal, der!« Er nahm einen glitzernden weißen Stein in die Hand. »Ach nee«, murmelte er dann. »Auch viel zu klein.« Er legte den weißen neben den roten.

»Wie findest du den?« Henry zeigte auf einen gelben Stein mit grünen Punkten.

»Tzön«, sagte Wasabi. »Und groß genug. Den nehmen wir.« Er dachte kurz nach. »Bringst du ihn hoch zum Haufen?«, fragte er dann. »Ich will hier noch was anderes Tzönes machen.«

»Was denn?«, wollte Henry wissen.

»Zeig ich dir gleich«, antwortete Wasabi. Er klaubte einen weiteren winzigen roten Stein aus dem Sand. »Siehst du dann selbst.«

Henry sauste blitzschnell zum Steinhaufen und legte den gelben Stein zu den anderen. Jetzt waren es acht. Alle hatten eine andere Farbe. Super sah das aus. Zufrieden rieb er sich den Sand von den Pfoten, dann rannte er zurück zum Strand.

»Und jetzt?«, rief er schon von Weitem. »Was seh ich jetzt?«

Wasabi saß auf dem Sand und machte dort irgendetwas mit den Krallen. Nun stand er auf und gab die Sicht frei. »Einen Fliegenpilz!«, sagte er.

Und tatsächlich. Wasabi hatte aus lauter kleinen roten und weißen Steinen ein Fliegenpilz-Bild in den Sand gelegt.

»Oh«, sagte Henry. »Der ist wirklich schön!« Er umrundete das Bild und betrachtete es von allen Seiten. »War das schwer?«

»Etwas«, räumte Wasabi ein. »Aber nicht zu sehr. Genau richtig tzwer.«

»Ich mach auch sowas!«, beschloss Henry. »Was richtig, richtig Schönes. Und ich weiß auch schon, was.« Er sammelte lauter kleine braune Steine und legte daraus das Bild einer kleinen Haselmaus. Zum Schluss nahm er zwei runde schwarze Steine für die Haselmausaugen und einen für die Haselmausnase.

»Supertzön!«, befand Wasabi. »Sieht richtig echt aus. Wer ist das?«

»Adelina«, sagte Henry. »Sie ist auch in echt zauberhaft.«

»Jetzt wieder ich!« Wasabi sammelte graue und grüne Steine und legte daraus eine Eidechse. Und zwar eine mit Schwanz.

»Das bist nicht du!«, stellte Henry fest.

»Nein, meine Nachbarin«, sagte Wasabi. »Sie heißt Saphira und wohnt unter dem Huf Nummer zwei.«

Henry grinste. »Auch sehr hübsch!«

»Was machen wir jetzt?«, wollte Wasabi wissen.

»Eine Libelle«, schlug Henry vor. Er bückte sich und suchte nach winzigen blauen Steine.

»Gute Idee«, meinte Wasabi. »Ich mach auch eine, aber meine wird grün.«

Als die Sonne an diesem Tag unterging, war der Strand sehr schön bunt. Und Henry und Wasabi waren ausgesprochen zufrieden. Sie saßen wie am Abend zuvor am Strand,

heute ein Stück weiter oben, und betrachteten die Bilder und das glitzernde Wasser des Sees.

»Kannst du dir eigentlich Gedichte ausdenken?«, wollte Henry wissen.«

»Klar«, antwortete Wasabi. »Machen Eidechsen oft.«

»Echt?«

Wasabi nickte. »Dauernd. Irgendwas muss man ja denken, wenn man sich tztundenlang sonnt.«

»Lass mal eins hören«, bat Henry.

Wasabi dachte kurz nach. Dann legte er los:

»Es lebte ein Hörnchen in Funkeltztein,
das wollte immer das Tollste sein.
Es segelte weg,
bekam einen Tzreck,
und fühlte sich plötzlich furchtbar allein.«

»Pfff«, machte Henry entrüstet, weil er in Wasabis Gedicht so gar nicht heldenhaft rüberkam. Aber dann musste er lachen. Irgendwie war seine Lage ja schon auch ein bisschen lustig.

»Ich kann sogar rappen!«, behauptete Wasabi.

»Was ist das?«, wollte Henry wissen.

»Eine Mitzung aus Tzprechen und Singen und Tanzen. Und alles, was man rappt, muss sich reimen. Man muss also beim Reden dichten.«

»Mach mal«, forderte Henry ihn auf.

»Moment!« Wasabi verschwand. Kurz darauf kehrte er mit Henrys goldenem Teller zurück.

»Was soll das?«, fragte Henry empört. »Der ist für Adelina.«

»Er geht dabei nicht kaputt«, versprach Wasabi. »Du nimmst ihn und trommelst darauf den Takt. Guck, so!« Er tippte mit seinen Krallen einen Rhythmus auf den Teller. Das ergab einen feinen, hellen Klackerton. »Tip tip, tip tip.«

Nun schob er Henry den Teller zu. »Jetzt du!«

»Tip tip, tip tip«, machte Henry genau wie Wasabi.

Der nickte zufrieden. »Sehr gut. Und das machst du jetzt, bis ich fertig bin, okay?«

Henry nickte und tippte weiter.

Wasabi stellte sich auf die Hinterbeine. Er wippte im Takt in den Knien und machte mit seinen kurzen Ärmchen coole Tanzbewegungen. Dazu rief er bei jedem Tippen: »Yo! Yo! Yo! Yo!« Dann legte er los:

»Hallo Henry, hör mal zu,
ich will dir was berichten.
Mach gut die Ohren auf!
Ich werde sogar dichten.

Du bist auf dieser Insel
ganz plötzlich aufgetaucht.
Bist freundlich, lustig, mutig,
und glaubst, dass man dich braucht.

Als Held, als Retter, Megastar,
der Abenteuer wagt,
der tollste Dinge überlebt
und dabei nie verzagt.

Dass du dabei auch Angst hast,
das willst du keinem sagen.
Und wenn du tzrecklich einsam bist,
soll niemand danach fragen.«

Jetzt blieb Wasabi stehen, wippte in den Knien und zeigte mit beiden Zeigekrallen auf den trommelnden Henry.

»Henry, mein Hörnchen, bist du ein Held?
Henry, mein Hörnchen, braucht das die Welt?
Reist in die Ferne, bist da allein.
Fällt dir vielleicht auch
was Besseres ein?«

Wasabi drehte sich noch einmal um sich selbst, dann reckte er die geballte Krallenfaust in den Himmel, rief ein letztes Mal »Yo!« und gab Henry mit einem Nicken zu verstehen, dass er jetzt mit dem Trommeln aufhören konnte. »Und?«, fragte er atemlos. »Wie fandest du das?«

»Cool«, antwortete Henry. »Aber wieso soll mir was Besseres einfallen? Gibt es denn was Besseres als ein Held zu sein?«

»Na klar!« Wasabi ließ sich neben Henry in den Sand plumpsen. »Guck mal, wenn du hier zweihundertzweiundzwanzig Tage lang sitzt, bist du vielleicht ein Held. Aber das

ist auch total langweilig. Fällt dir gerade wirklich nichts Besseres ein, was du tun könntest, wenn du woanders wärst?«

»Doch, viel!« Henry musste gar nicht lange nachdenken. »Wenn ich auf Burg Funkelstein wäre, könnte ich ein Wettfliegen mit den Burgfledermäusen machen. Oder Nussecken mit Miss Miffy backen. Oder den Kirchenmäusen Lieder beibringen und dabei so albern sein, dass sie sich in Kichermäuse verwandeln. Ich könnte auch rappen üben. Und es Murkel beibringen. Der würde das lieben.« Henry machte eine Pause und dachte nach. Dann seufzte er und sagte: »Und vor allem könnte ich Adelina besuchen. Es ist immer interessant, mit ihr zu reden. Sie weiß alles über Bäume und Waldfrüchte und ganz viel über das Wetter. Und sie hat ein gutes Herz und hilft allen, die Hilfe brauchen.«

Wasabi sah Henry mitfühlend an. »Und warum bist du dann hier?«, wollte er wissen.

»Na ja, ich dachte eigentlich, dass ich ein viel spannenderes Abenteuer erlebe. Aber ich hab nur dieses gefunden. Und bei Abenteuern muss man nehmen, was man kriegt.«

»Was wär dir denn lieber gewesen?«

»Ich hätte gern jemanden gerettet«, überlegte Henry laut.

»Aus dem See?«, wollte Wasabi wissen,

»Nee, ich kann doch nicht schwimmen.«

»Vor Räubern?«

»Ja, vielleicht.«

»Dann hättest du kämpfen müssen. Kannst du das?«

Henry zuckte mit den Schultern. »Keine Ahnung.«

Wasabi runzelte die Stirn. »Könnte unangenehm sein.«

»Da muss man dann halt durch, wenn man ein Held sein will«, sagte Henry trotzig.

»Und was macht man hinterher, so als Held?«, wollte Wasabi wissen. »Also, wenn der Kampf vorbei ist und alle gerettet sind?«

Henry zuckte mit den Schultern. »Man erzählt den anderen seine Geschichte.«

»Aha. Und dann?«

»Dann erlebt man ein neues Abenteuer«, erklärte Henry. »Denn irgendwann wird die Geschichte ja allen langweilig.«

»Und wenn die neue auch wieder langweilig ist?«

»Dann zieht man natürlich erneut los«, murrte Henry. So langsam nervte ihn das Gespräch.

Wasabi betrachtete Henry nachdenklich von der Seite.

»Puh!«, sagte er. »Das wär nix für mich. Ab und zu ein kleines Abenteuer ist ja ganz nett. Aber dauernd? Nee, das fände ich tzrecklich. Ich bin lieber einfach Wasabi, wohne unter Huf drei und hab es da tzön.«

Henry und Wasabi betrachteten noch eine Weile schweigend die Sterne, die inzwischen am Himmel standen. Und jeder hing seinen Gedanken nach. Wasabi dachte sich heimlich ein kleines Gedicht über seine Nachbarin Saphira aus. Und Henry überlegte, was die Mäuse auf Burg Funkelstein wohl gerade taten. Saßen sie unter der alten Linde im Burghof? Erzählte Spencer ihnen vielleicht genau in diesem Moment seine blöden, ausgedachten Geschichten? Hatte Miss Miffy Nussgebäck für alle dabei?

Oder waren die Mausbewohner der Burg traurig, weil Henry weg war? Machten sie sich vielleicht sogar Sorgen um ihn?

Oha! Bei diesem Gedanken erschrak Henry. Das konnte

ja wirklich sein! Warum war ihm das bis jetzt nie eingefallen? Natürlich sorgten sie sich! Er hatte ja keinem gesagt, was er vorhatte, und er war jetzt schon acht Tage lang weg. Vielleicht suchten ihn die Mausbewohner der Burg ganz verzweifelt. Oder vielleicht dachten sie sogar, er hätte sie für immer verlassen und wolle nie wieder zurückkommen. Vielleicht saßen sie abends gar nicht mehr unter der Linde und lebten dort in Saus und Maus. Vielleicht weinten sie um ihn.

Plötzlich schämte Henry sich schrecklich. Was war er nur für ein dummes Hörnchen. Er hatte immer nur an sich selbst gedacht.

Was Henry in diesem dunklen Moment seines Lebens nicht wusste: Niemand auf Burg Funkelstein machte sich Sorgen um ihn. Und niemand weinte. Zwar vermissten ihn alle, das schon. Aber keiner hatte deswegen Kummer oder Angst.

Die alte Leseratte hatte alle beruhigt. »Es geht ihm gut«, hatte sie den Mäusen versichert. »Und er kommt bald zurück. Ich weiß es genau.«

Wie konnte die Ratte da so sicher sein?

Nun, erstens, hatte das alte Tier viel Lebenserfahrung. Und zweitens gute Freunde unter den Schwalben, die im

Auftrag der Leseratte ein bisschen auf Henry aufpassten. Aber nur so, dass er es nicht merkte. Sonst wäre ja sein ganzes Abenteuer futsch gewesen. Und weil die Leseratte wirklich sehr viel Lebenserfahrung hatte, verriet sie den anderen Mäusen nichts von der Sache mit den Schwalben. Manchmal muss auch eine Leseratte tun, was eine Leseratte tun muss. Und es ist immer besser, wenn keiner allzu viel darüber weiß.

Kapitel 8

Auch stille Wasser sind nass

In dieser Nacht schlief Henry schlecht. Er wachte dauernd auf und musste an die Mausbewohner der Burg denken. Plötzlich vermisste er sie alle ganz schrecklich. Und er schämte sich, dass er einfach mausgebüxt war.

Als der Morgen graute, setzte Henry sich in seinem Nest auf und überlegte laut: »Zweihundertzweiundzwanzig Tage auf einer einsamen Insel. Das klingt eigentlich überhaupt nicht heldenhaft, finde ich. Sondern doof. So, als wäre ich nicht schlau genug, um schneller hier wegzukommen.«

Er dachte kurz nach und sagte dann zu sich selbst: »Pfff! Ich bin aber schlau genug, wetten?«

Und nach noch ein paar nachdenklichen Minuten sagte Henry mit fester Stimme: »Noch heute verlasse ich Mausitius.«

»Wie denn?«, knisterlispelte es da auf einmal vom Dach des Inselhauses. Wasabi war offenbar auch schon wach.

»Gib mir noch ein bisschen Zeit«, antwortete Henry. »Der Tag hat ja eben erst angefangen.«

»Na gut!« Wasabi gähnte. »Dann tzlaf ich solange.« Er rollte sich auf dem Hausdach zusammen und schlief gleich wieder ein.

Henry dachte hin und her. Er lief über die Insel und suchte nach Rindenstücken, die der Wind vielleicht angetrieben hatte. Und als er keine fand, suchte er eine neue Idee. Aber am Mittag hatte er leider noch immer keinen Plan.

Wasabi war inzwischen aufgestanden. Er hatte sogar schon den Stein des Tages gesucht und gefunden, einen blauen diesmal.

»Und?«, fragte er. »Was machst du jetzt, um hier wegzukommen?«

»Keine Ahnung«, sagte Henry missmutig.

»Ich könnte dich werfen«, schlug Wasabi vor. »Ich hab tztarke Arme.«

Henry bedachte die winzige Eidechse mit einem langen Blick.

»Merkste selber, oder?«, knurrte er.

»War nur Tzpaß«, sagte Wasabi schnell.

»Ich könnte übers Wasser laufen wie ein Wasserfloh«, sagte Henry nachdenklich.

»Merkste selber, oder?«, fragte Wasabi.

»War nur Spaß!« Henry grinste.

Beide schwiegen eine Weile. Dann richteten sie sich im selben Moment auf.

»Es gibt nur eine Lösung«, sagte Henry mit heiserer Stimme.

Wasabi nickte. »Ja. Wir müssen tzwimmen.«

Jetzt schüttelte Henry den Kopf. »Nicht wir. Ich. Ich muss das tun. Du hast ja keinen Schwanz. Ich schon.«

Wasabi seufzte. »Tztimmt. Ohne Ruder geht es nicht. Aber was mach dann ich? Ich will auch helfen.«

»Du bringst mir bei, wie man schwimmt«, bestimmte Henry. »Denn du weißt ja, wie das geht. Dann kann ich das Boot holen und dich retten.«

Und das war endlich ein guter Plan.

Also setzte Wasabi sich an den Strand und gab Henry kluge Ratschläge.

»Zuallererst musst du ins Wasser rein«, sagte er.

»Aha. Okay.« Henry tunkte eine Pfote ins Wasser. »Brrr. Igitt.«

»Ich meinte, richtig rein«, sagte Wasabi. »Mindestens bis zum Bauch.«

Allein bei dem Gedanken musste Henry sich schütteln. Aber natürlich hatte Wasabi recht. Also setzte Henry ganz langsam erst einen Fuß in das flache Wasser am Ufer, dann den anderen. Und als er das geschafft hatte, machte er drei Schritte in den See. Sehr kleine Schritte allerdings.

»So!«, sagte er. »Und jetzt?«

»Henry, das ist nicht dein Bauch, das sind deine Knie«, tadelte Wasabi ihn.

Henry machte noch drei Schritte in den See.

»Das ist erst dein Po«, stellte Wasabi fest.

Henry seufzte. Dann machte er noch einen einzigen Schritt.

»Weiter gehe ich nicht. Sonst ertrinke ich«, behauptete er mit fester Stimme. »Und was mach ich jetzt?«

»Hmmm. Tzwierig«, murmelte Wasabi. »Setz dich am besten mal hin.«

Henry gehorchte. Jetzt reichte ihm das Wasser bis zum Kinn. Was ihm gar nicht gefiel.

»Sehr gut«, rief Wasabi. »Und jetzt musst du paddeln! Mit Armen und Beinen. So doll du kannst!«

Henry paddelte mit aller Kraft. Das machte Krach. Außerdem spritzte dabei Wasser in sein Gesicht. Seine Ohren wurden auch patschnass. Mehr passierte aber nicht.

»Ich kann's nicht!«, rief er verzweifelt. »Es geht einfach nicht!«

»Weil du immer noch sitzt«, brüllte Wasabi über Henrys Lärm hinweg. »Du musst dich hinlegen und weiterpaddeln.«

»Dann geh ich doch unter!«, rief Henry voller Angst.

»Nein, dann tzwimmst du! Probier es aus!«

Also legte Henry sich ins Wasser, strampelte mit Armen und Beinen – und ging unter.

Sofort sprang er auf seine Füße und watete an Land. »Ich kann's einfach nicht«, rief er dabei verzweifelt. »Ich will ja. Und ich versuch es. Aber ich schaff es nicht.«

Kraftlos sank er neben Wasabi auf den Sand. Er keuchte und prustete und triefte. Aber gleichzeitig dachte er fieber-

haft nach, wie die Sache doch noch klappen konnte. Denn Henry war ein Hörnchen. Und wenn ein Hörnchen nach Hause will, gibt es nie, nie, niemals auf!

Suchend blickte Henry über den See, obwohl er nicht einmal wusste, was er suchte.

Da blieb Henrys Blick an den rosa Blüten der Seerosen hängen. Blume müsste man sein, dachte er. Die konnten schwimmen. Oder wenigstens ein Blatt. Denn die großen dunkelgrünen Blätter der Seerosen gingen ebenfalls nicht unter. Sie waren ein bisschen wie Teller geformt, das wären supergute Boote. Aber sie waren, genau wie die Blüten, viel zu weit weg. Da kam er nicht dran.

Plötzlich machte es Klick in Henrys Kopf. Und eine Idee rutschte an die richtige Stelle.

»Ich hab's«, rief er so laut, dass Wasabi vor Schreck fast

umgekippt wäre. »Wenn ich kein Seerosenblatt haben kann, kann ich vielleicht einfach eins *sein*!«

»Äh«, sagte Wasabi. »Nein. Kannst du nicht.« Er starrte Henry fassungslos an. »Hast du zu viel Wasser getzluckt, oder was?«, wollte er wissen.

»Guck mal.« Henry erhob sich, ging ins Wasser und holte ganz tief Luft. Dann legte er sich vorsichtig auf den Rücken und breitete Arme und Beine aus, als wollte er fliegen. Er hob den Kopf, die Pfoten und die Füße ein bisschen an, um eine Art Henry-Teller zu bilden. Anschließend hielt er ganz still. Er paddelte nicht, er strampelte nicht, er spritzte auch nicht. Er lag nur regungslos auf dem Wasser. Und: Tadaaaa, er schwamm! Wenn er ausatmete, sank er in der Mitte ein

bisschen tiefer. Aber sobald er den Bauch erneut voll Luft sog, kam er wieder hoch.

»Hurra!«, rief Henry glücklich. »Mausmän, das Seerosenblatt!«

»Wohooo!« Wasabi hüpfte jubelnd auf und ab. »Das ist ja toll! Henry, du hast es getzafft!« Und vor lauter Begeisterung begann er zu rappen:

»Henry, mein Hörnchen,
du bist ein Held!
Henry, mein Hörnchen,
dir gehört die Welt!«

»Wasaaabi!«, brüllte Henry, so laut er konnte, und verbrauchte dabei so viel Luft, dass er fast unterging. »Hör sofort damit auf! Hör mir stattdessen zu!«

Wasabi klappte die Schnauze zu und sah ihn verblüfft an.

Henry holte erstmal tief Luft. »Schnell!«, sagte er dann. »Hol Adelinas Teller aus dem Haus. Wir verlassen die Insel!«

»Was? Wie? Wo? Wer?«, fragte der Eidechserich völlig verwirrt.

»Du. Ich. Jetzt«, erklärte Henry. »Wenn

ich dich gleich mitnehme, musst du hier nicht allein warten. Und außerdem kannst du mir unterwegs Schwimmkommandos geben. Zusammen schaffen wir das bestimmt besser als allein! Los! Hol bitte den Teller. Lauf!«

Endlich ging ein Ruck durch Wasabi. Er sauste los und tat, worum Henry ihn gebeten hatte.

Kurz darauf war er wieder zurück.

»Hopp! Jetzt klettere auf meinen Bauch«, befahl Henry. »Aber vorsichtig, ich bin kitzelig.«

Wasabi trippelte zum See, den goldenen Teller hatte er in seinem Maul. Er patschte mit allen vier Füßen ins flache Wasser, watschelte zu Henry und kroch vorsichtig über die Flughäute hinweg auf dessen Bauch.

»Hihihiii!«, giggelte Henry und ging ein ordentliches Stück unter. Das lag an Wasabis Kitzelkrallen. Aber als Wasabi ganz still saß, holte Henry erneut Luft, und nun schwammen sie beide. Henry war das Boot, und Wasabi sein erster und einziger Passagier.

Henry bewegte seinen Schwanz wie ein Ruder hin und her, und so glitten sie langsam über den See.

»Das machst du super. So tzwungvoll. Und tznell«, sagte Wasabi.

»Land in Sicht!«, rief Henry. Und schon waren sie da.

»Tihihiii«, quiekte Henry, als Wasabi auf seinem Bauch Anlauf nahm und ans Ufer hüpfte.

Dann krabbelte er selbst aus dem Wasser.

»Jippiiie!«, jubelte Henry, als er feststellte, dass sein dunkler Mantel noch immer am Ufer lag.

»Puh!«, seufzte Henry, als er merkte, dass sein Kompass und sein Glücksbringer noch in den Taschen steckten.

»Alles ist gut«, sagte er zu Wasabi. »Jetzt geh ich nach Hause. Kommst du mit?«

Was am Abend auf Burg Funkelstein geschah

»Spencer, erzähl uns eine Geschichte!«, bettelte Murkel, das kleinste Mäusekind auf Burg Funkelstein. »Aber keine ausgedachte. Eine echte!«

Es war wieder einmal ein warmer Spätsommerabend. Die Sonne war gerade untergegangen und die Mausbewohner der Burg Funkelstein hatten schon alles getan, was Mäuse jeden Tag tun. Futter sammeln. Nester bauen. Besuche machen. Solche Sachen.

Nun saßen sie plaudernd und lachend unter der alten Linde im Burghof. Am Himmel leuchteten der Mond und die Sterne. Im Gras und im Gebüsch blinkten die Glühwürmchen. Schwalben schwirrten auf der Suche nach Mücken durch die Luft.

»Ich kenne keine echten Geschichten«, sagte Spencer. »Aber ich kann mir eine neue für dich ausdenken.«

»Nein!«, nörgelte Murkel. »Ich will eine echte. Und sie soll von Henry handeln. Erzähl uns, wie Henry die Burg gerettet hat. Böttäää!«

»An diese Geschichte erinnere ich mich kaum«, behauptete Spencer. »Die war so langweilig, dass ich sie vergessen habe.«

Murkel rappelte sich auf. »Dann erzähle ich sie«, sagte er. »Ich weiß noch jedes Wort.«

Und bevor Spencer etwas dagegen einwenden konnte, war Murkel schon auf den großen Stein im Burghof geklettert. »Es war eine kühle, gewittrige Frühlingsnacht«, begann er. »Mit zitternden Schnurrbartspitzen saß Henry in einer Ecke des dunklen Money Museums in Chicago und wartete auf den richtigen Moment …« Alle Mäuse auf Burg Funkelstein wurden mucksmäuschenstill und lauschten dem kleinen Mäuserich, der sich tatsächlich an jedes Wort von Henrys Geschichte erinnerte.

Henry selbst wanderte in diesem Moment durch den Wald. In seinen Manteltaschen hatte er links den goldenen Teller und rechts den Glücksstein. Den Kompass hielt er fest in der Hand und blickte ständig darauf, um nicht in die falsche Richtung zu laufen. Seit die Dämmerung hereingebrochen war, konnte er die Kompassnadel kaum noch erkennen. Aber das war nicht schlimm.
Der Wald roch schon ganz heimelig.
Er war bestimmt bald zu Hause.

Henry war allein unterwegs, denn von Wasabi hatte er sich schon am Seeufer verabschiedet. »Ich komm tzpäter nach«, hatte der kleine Eidechserich versprochen. »Erst muss ich selbst nach Hause gehen. Meine Nachbarin Saphira fragt sich betztimmt tzon, wo ich tztecke.«

Das hatte Henry nur allzu gut verstanden. Jeder will ja erst mal in sein eigenes Zuhause, wenn er länger verreist war. Die beiden hatten sich ganz fest umarmt. Dann war jeder seiner Wege gegangen.

Henrys Weg machte jetzt viele Stunden später eine Kurve, und plötzlich ragte vor Henry eine riesige dunkle Burg auf.

Funkelstein! Hurra! Er hatte es geschafft!

Er näherte sich dem Burgtor und hörte ein piepsiges Murkel-Stimmchen. Es sagte gerade: »Und dann hat Henry den Funkelstein gefunden. Und damit die Burg gerettet. Und seitdem ist er unser Freund.«

»Ein schöner Freund«, hörte Henry nun Spencers Stimme. »Haut einfach ab und kommt nicht zurück!«

»Na warte«, dachte Henry, und kroch unter dem Burgtor durch.

»Tut er wohl«, krähte Murkel.

»Tut er nicht«, sagte Spencer.

»Oh doch!«, donnerte Henry mit seiner tiefsten Heldenstimme. »Denn Henry ist ein Hörnchen. Und die kommen immer zu ihren Freunden zurück!«

Kurz wurde es im Hof der Burg Funkelstein so still, dass Henry sein eigenes Herz schlagen hörte. Dann brach tosender Applaus über ihn herein.

Alle klatschten in die Pfoten und redeten durcheinander.

»Das verlorene Hörnchen! Es ist zurückgekehrt!«, riefen die Kirchenmäuse begeistert.

»Zum Glück gesund und munter!«, seufzte Adelina erleichtert.

»Na endlich«, knurrte Liesel. Aber sie tat nur so brummig, um nicht vor lauter Freude in Tränen auszubrechen. Heulen, das war nicht ihre Art.

»Da bist du ja!«, rief Miss Miffy erleichtert. Und sie war nicht zu cool für ein Freudentränchen. »Hast du Hunger?«, fragte sie, nachdem sie die Wange mit der Schürze trocken getupft hatte. »Soll ich dir was Gutes aus der Küche holen?«

Henry hatte wirklich Hunger. Aber zu einer Antwort kam er nicht.

»Heeenry!«, jubelte jetzt Murkel. Er sprang vom Stein, drängelte sich durch die Mäuse, rannte auf Henry zu und umarmte ihn so fest er konnte. »Wo warst du? Hast du ein Abenteuer erlebt? Erzähl uns alles!«

»Nun lass ihn doch erst mal in Ruhe ankommen«, mahnte die alte Leseratte das Mäusekind. »Dafür ist nachher noch Zeit!«

In dieser Nacht gingen die Mäuse später als sonst in ihre Nester. Sie feierten nämlich ein Freudenfest. Erst aßen alle Nusstörtchen. Henry schaffte sieben. Hörnchenweltrekord.

Danach machte Henry mit den Fledermäusen ein Wettsegeln. Dabei ging es darum, wer im elegantesten Bogen von der höchsten Burgzinne herabsegeln konnte. Henry flog absichtlich einen kleinen Bogen und ließ die Fledermäuse auf diese Weise gewinnen.

Adelina war die einzige, die das merkte. Als sie Henry fragend ansah, murmelte der leise: »Keiner muss immer der Tollste sein, oder?« Dann sang er für die Kirchenmäuse ein amerikanisches Lied mit ganz viel Halleluja im Text.

»Und jetzt musst du uns alles erzählen, was du erlebt hast«, verlangte Murkel danach. Er hatte wieder mal ganz kleine Mausaugen vor lauter Müdigkeit.

»Ach, so viel war das gar nicht«,

wehrte Henry diese Bitte ab. »Ich wollte ein Abenteuer erleben und später damit angeben. Dabei bin ich durch einen dummen Zufall auf eine Insel geweht worden. Erst kam ich da nicht mehr weg. Aber dann hab ich einen tollen Freund gefunden, der mir geholfen hat. Er ist ein Eidechserich und heißt Wasabi. Das war's eigentlich auch schon.«

»Das war's gar nicht!«, sagte Murkel. Er war ja nicht doof.

»Stimmt«, sagte Henry. »Aber den Rest erzähle ich dir ein anderes Mal. Wenn du nicht so müde bist.«

»Ich bin gar nicht müde«, quäkte Murkel, der jetzt auf keinen Fall ins Nest wollte.

»Weißt du was?«, fragte Henry. »Ich zeig dir noch was. Aber dann gehst du ganz schnell ins Bett, ja?«

»Was denn?«, wollte Murkel wissen.

»Ich bringe dir bei, wie man rappt!«

»Hä?«, war alles, was Murkel dazu einfiel.

»Warte, ich mach es vor!«, sagte Henry.

Er kletterte auf den großen Stein im Burghof, damit ihn alle sehen konnten. »Klatscht mal alle wie ich im Takt in die Pfoten!«, rief er von oben.

Und als die Mäuse das taten, rief er einige Male »Yo!«. Dann rappte er los:

»Hallo Mäuse, hört mir zu,
ich will euch was berichten.
Macht gut die Ohren auf!
Ich werde sogar dichten.

Ich wollte einst ein Held sein,
der Abenteuer wagt,
der tollste Dinge überlebt
und dabei nie verzagt.

Ich kam auf eine Insel
und fühlte mich dort schlecht.
Da fiel ein Freund vom Himmel,
der kam mir grade recht.

Wasabi, der Echserich,
war mutig und schlau.
Und was ich damals brauchte,
das merkte er genau.

Du musst kein Held sein, Henry,
das sagte er mir klug.
Sei einfach nur du selbst.
Du bist doch toll genug.«

Die Mausbewohner der Burg staunten, wie gut Henry im Takt ihres Klatschens reden und tanzen konnte. Jetzt blieb er stehen, wippte in den Knien und zeigte mit beiden Pfoten Richtung Unterfunkelstein.

»Kümmere dich nicht
um den schönen Schein.
Man ist nie zu klein,
um großartig zu sein!«

Und weil Henry gerade so gut in Fahrt war, rief er zum Schluss noch in die Menge: »Keiner ist dafür zu klein. Auch ihr nicht, ihr Mäuse! Yo! Gute Nacht!«

Kaum hatte Henry geendet, verbeugte er sich, kletterte von der Bühne und verschwand schnurstracks in seinem Kanonenrohr. Den Applaus, der nun aufrauschte, wartete er gar nicht ab. Er bedeutete ihm nichts mehr, und außerdem wollte Henry, dass die Mausbewohner sich endlich in ihre Nester verkrümelten. Er hatte heute nämlich noch etwas ganz Wichtiges vor.

Als in dieser Nacht alle Mausbewohner in ihren Betten lagen, huschte ein kleiner, dunkler Schatten über den Burghof. Die hörnchengroße Gestalt lief zu dem Strauch, in dessen Zweigen Adelinas Schlafhöhle im Nachtwind schaukelte. Dort blieb sie stehen, atmete tief ein und flüsterte fast unhörbar: »Los! Trau dich!«

Das war natürlich Henry. Man konnte ihn kaum erkennen, denn unter dem Strauch wuchs hoher Löwenzahn.

»Hallo, Adelina!«, rief Henry nach oben. Seine Ohren

wurden heiß und glühten rosarot. »Schläfst du schon?«

»Henry?«, rief die kleine Haselmaus zu ihm herab. »Bist du das?«

»Ja«, flüsterte er. »Kannst du mal runterkommen?«

Es raschelte in den Zweigen, dann stand Adelina vor ihm.

»Schau mal«, sagte Henry. »Ich hab dir was mitgebracht.«

Er holte den goldenen Teller hervor und überreichte ihn ihr. Er blitzte und blinkte im Mondschein. »Du kannst davon essen«, erklärte Henry. »Alles schmeckt dann noch besser! Das klappt wirklich. Ich habe es selbst ausprobiert.«

»Oooh«, hauchte Adelina. »Wie lieb von dir! Danke!«

»Ich hab noch was!«, wisperte Henry. »Ich hab mir ein Gedicht für dich ausgedacht, als ich ganz allein und sehr einsam war. Willst du es hören?«

»Ja, natürlich!«

Henry räusperte sich. Dann sprach er mit fester Stimme

und leuchtenden Ohren sein kleines Gedicht. Er brauchte dafür viel mehr Heldenmut als für alle Abenteuer seines bisherigen Lebens zusammen. Und er machte seine Sache trotzdem so gut, dass Adelina ihm danach spontan einen winzigen Mäusekuss auf die Hörnchennase drückte.

Das Gedicht war aber auch wirklich wunderschön. Und außerdem war es ein Weltrekord. Es war nämlich das erste und einzige Hörnchengedicht aller Zeiten. Danach haben Hörnchen weltweit nur noch gerappt.

Hier ist es:

Nächtliches Gedicht eines einsamen Heldenhörnchens an eine zauberhafte Haselmaus

An einem See, dunkelgrün und ganz leise,
träumte ich heute auf meine Weise
von einer Haselmaus, zart, klein und fein.
In ihrer Nähe wollte ich sein.

An diesem See, wo Blätter sanft rauschen,
wollte ich gern ihre Stimme erlauschen.
Ach, Adelina! Haselmaus!
Wo immer du bist, da bin ich zu Haus'.

Henry Hörnchen

Ende

Mäusestarker Rätselspaß

10 Wörter sind hier versteckt. Sie können von links nach rechts oder von oben nach unten gelesen werden. Kannst du sie alle finden?

Abenteuer	Insel
Adelina	Leseratte
Funkelstein	Murkel
Henry	Seerose
Hörnchenheld	Wasabi

R	E	M	T	H	E	N	R	Y	E	U	S	E	M	Ö	L
Q	D	L	I	S	H	J	L	A	U	O	L	A	N	M	H
P	A	N	N	G	T	A	F	I	K	F	S	F	N	X	Ö
H	D	T	S	N	C	B	I	K	P	C	W	U	Q	O	R
I	E	D	E	R	T	W	D	S	R	Y	N	N	R	H	N
N	L	E	L	L	F	A	F	A	H	Ä	M	K	N	A	C
E	I	A	R	L	E	S	E	R	A	T	T	E	Q	R	H
G	N	O	P	V	W	A	N	J	B	V	W	L	N	A	E
Ö	A	B	K	L	N	B	X	W	E	D	T	S	H	E	N
X	G	T	P	Ö	T	I	Q	H	N	K	M	T	R	N	H
C	R	S	Y	W	K	A	B	S	T	P	N	E	A	B	E
D	J	T	E	H	L	Z	E	T	E	I	A	I	N	A	L
P	M	U	R	K	E	L	N	B	U	F	M	N	G	Z	D
N	I	M	N	L	G	P	I	M	E	V	N	D	N	P	A
E	N	D	E	H	C	S	E	E	R	O	S	E	H	R	O
P	B	L	Ü	W	N	A	B	W	R	A	A	K	G	I	P

So ein Hörnchenmist! Auf dem oberen Bild haben sich 4 Fehler eingeschlichen. Kannst du sie alle finden?

Lösungen

R	E	M	T	H	E	N	R	Y	E	U	S	E	M	Ö	L
Q	D	L	I	S	H	J	L	A	U	O	L	A	N	M	H
P	A	N	N	G	T	A	F	I	K	F	S	F	N	X	Ö
H	D	T	S	N	C	B	I	K	P	C	W	U	Q	O	R
I	E	D	E	R	T	W	D	S	R	Y	N	N	R	H	N
N	L	E	L	L	F	A	F	A	H	Ä	M	K	N	A	C
E	I	A	R	L	E	S	E	R	A	T	T	E	Q	R	H
G	N	O	P	V	W	A	N	J	B	V	W	L	N	A	E
Ö	A	B	K	L	N	B	X	W	E	D	T	S	H	E	N
X	G	T	P	Ö	T	I	Q	H	N	K	M	T	R	N	H
C	R	S	Y	W	K	A	B	S	T	P	N	E	A	B	E
D	J	T	E	H	L	Z	E	T	E	I	A	I	N	A	L
P	M	U	R	K	E	L	N	B	U	F	M	N	G	Z	D
N	I	M	N	L	G	P	I	M	E	V	N	D	N	P	A
E	N	D	E	H	C	S	E	E	R	O	S	E	H	R	O
P	B	L	Ü	W	N	A	B	W	R	A	A	K	G	I	P

BURG
FUNKELSTEIN